Hans-Hermann Hertle,
Hans-Wilhelm Saure (Hg.)

Ausgelacht

Hans-Hermann Hertle
Hans-Wilhelm Saure (Hg.)

AUS GELACHT

DDR-Witze aus den
Geheimakten des BND

Ch. Links Verlag

Die Deutsche Nationalbibliothek verzeichnet diese Publikation
in der Deutschen Nationalbibliografie; detaillierte bibliografische
Daten sind im Internet über www.dnb.de abrufbar.

2. Auflage, November 2015
© Christoph Links Verlag GmbH, 2015
Schönhauser Allee 36, 10435 Berlin, Tel.: (030) 44 02 32-0
www.christoph-links-verlag.de; mail@christoph-links-verlag.de
Umschlaggestaltung unter Verwendung einer Grafik von
www.canstockphoto.com/cthoman
Alle weiteren Grafiken im Buch: Stephanie Raubach, Berlin
Satz: Agentur Marina Siegemund, Berlin
Druck und Bindung: Druckerei F. Pustet, Regensburg

ISBN 978-3-86153-844-8

Inhalt

Hans-Hermann Hertle,
Hans-Wilhelm Saure

Die BND-Geheimoperation
»DDR-Witz«

Ein Essay

Bundeskanzler Helmut Kohl und der Staatsrats-
vorsitzende Erich Honecker bei einem Treffen.
Kohl: »Was wurde eigentlich aus der alten Devise
›Den Kapitalismus überholen ohne einzuholen‹?«
Honecker: »Wir haben jetzt eine neue Devise.
Wir überspringen den Kapitalismus einfach.«
Kohl: »Wie soll das funktionieren? Wie weit seid ihr damit?«
Honecker: »Wir sind gerade in die Knie gegangen!«
(1989)

I.

Die Zentrale des Bundesnachrichtendienstes liegt
abgeschirmt hinter hohen Mauern und Stacheldraht
im bayerischen Pullach bei München. Videokameras
beobachten jeden Fußgänger, der sich dem Hoch-
sicherheitstrakt nähert. Schilder warnen: »Fotografie-
ren verboten«. Spaß versteht hier offenbar keiner. Und
trotzdem beschäftigten sich Agenten des bundes-
deutschen Geheimdienstes in Pullach während des
Kalten Krieges ganz ernsthaft mit Witzen. Mit politischen Witzen aus der DDR – wie dem von Honecker
und Kohl über die alte DDR-Parole »Überholen ohne

einzuholen«. Konspirativ gesammelt von Quellen des Bundesnachrichtendienstes, auf verschlungenen Wegen aus der DDR direkt in die Zentrale nach Pullach übermittelt. Alles streng geheim! Nur für den Dienstgebrauch! Politische Witze als Stimmungsbarometer für die Lage im Arbeiter- und Bauernstaat.

Jahrzehntelang war die »Operation DDR-Witz« ein Staatsgeheimnis der alten Bundesrepublik, 2009 gab der BND die Witz-Akten frei.[1] Zuletzt zweimal im Jahr stellten die geheimen Mitarbeiter des BND eine Sammlung der anfänglich nur geflüsterten und zuletzt immer offener erzählten Scherze über Erich Honecker und den Alltag in dem von der SED beherrschten ostdeutschen Staat zusammen. Das Konvolut der geballten Häme landete direkt auf dem Schreibtisch des BND-Präsidenten. Geheimagenten, die Witze sammeln. Das klingt wie ein Scherz, ist aber keiner.

»Die DDR nahm bis zur Wiedervereinigung am 3. Oktober 1990 einen zentralen Teil des BND-Auftragsprofils ein. Neben politischen, militärischen und wirtschaftlichen Informationen sollte auch die Stimmungslage der Bevölkerung, die sich oftmals in ironischen Bemerkungen ausdrückte, Aufschluss über die tatsächliche Situation in Ostdeutschland geben«, erklärt die BND-Forschungs- und Arbeitsgruppe »Geschichte des BND« auf Anfrage und ergänzt: »Da vielen Witzen auch immer ein Körnchen Wahrheit innewohnt, konnte das Sammeln von Witzen zumindest einen ergänzenden Eindruck von der Lage vor Ort vermitteln.«[2]

007 auf der Suche nach den neuesten Witzen über die Führungskader der SED und das alltägliche Leben

in der DDR. Waren es wirklich Top-Agenten in geheimer Mission, die in schummrigen DDR-Kneipen konspirativ die Ohren spitzten? Der Bundesnachrichtendienst erklärt es so: »Mit Masse entstammen die Witze der Gesprächsaufklärung in die DDR reisender nachrichtendienstlicher Verbindungen des BND. Aber auch in Befragungsoperationen von in die Bundesrepublik reisenden DDR-Bürgern konnten Witze gesammelt werden.«[3]

Soll heißen: Es waren tatsächlich vor allem BND-Agenten – die sogenannten nachrichtendienstlichen Verbindungen –, die sich in der DDR nach den neuesten politischen Witzen umhörten. Wer die Witz-Spione namentlich waren, darüber gibt der BND bis heute keine Auskunft und auch keine Akten heraus. Alles immer noch streng geheim! Begründung: Quellenschutz.

»Befragungsoperationen von in die Bundesrepublik reisenden DDR-Bürgern« gab es vor allem in Notaufnahmelagern, in denen Flüchtlinge und Ausreisende in den ersten Tagen nach ihrer Ankunft im Westen untergebracht wurden. Im Lager Friedland (Niedersachsen) arbeitete schon ab 1958 eine eigene Abteilung des BND – die Hauptstelle für Befragungswesen (HBW), ähnlich auch in den anderen Notaufnahmelagern wie Gießen oder Berlin-Marienfelde. Die HBW-Mitarbeiter erkundigten sich bei DDR-Flüchtlingen und Aussiedlern offensichtlich nicht nur nach politischen und militärischen Informationen, sondern auch nach den aktuellsten Witzen aus der DDR. Seit 1986 wurden die BND-Befragungen in den Lagern, aber auch von Reisenden aus der DDR, intensiviert und systematisiert.[4]

In den freigegebenen BND-Witz-Dokumenten findet sich als Quelle vereinzelt auch der Begriff »Fundgrube«. Bodo Hechelhammer, Leiter der Forschungs- und Arbeitsgruppe »Geschichte des BND«, erklärt dazu: »In der ›Fundgrube‹ wurden alle Witze, Anekdoten, ironische Bemerkungen etc. gesammelt, die nicht über die operativen Meldewege eingingen. Beispielsweise handelt es sich hierbei um bei der Presseauswertung angefallenes Material.«[5]

Politische Witze im Kalten Krieg. Entstammten sie wirklich alle dem Volksmund? Gerüchteweise wurde ihre Erfindung in der Spätzeit der DDR auch schon einmal dem SED-Zentralkomitee nachgesagt. Als Absicht wurde unterstellt, damit das Volk bei Laune zu halten. In der Hoffnung: Wer über uns lacht, rebelliert (vielleicht) nicht gegen uns. Andere Verschwörungstheoretiker dagegen glauben bis heute, dass die Witze bis zum Ende der DDR das Werk antikommunistischer Aktivitäten aus dem Westen waren. Tatsächlich hatten überwiegend geheimdienstlich finanzierte antikommunistische Gruppen in den 1950er Jahren vom Westen aus Witzsammlungen und Satireblätter wie die »Tarantel« in die DDR eingeschmuggelt. Auch verbreiteten Rundfunkstationen wie der West-Berliner RIAS und Radio Freies Europa politische Witze. Hat sich der BND noch Ende der 1970er und in den 1980er Jahren selbst politische Witze ausgedacht und versucht, diese zur Destabilisierung der DDR in Umlauf zu bringen? Der BND antwortet auf diese Frage mit einem einzigen Wort, versehen mit einem Ausrufezeichen: »Nein!«[6]

II.

Politische Witze aus der DDR und den kommunisti-
schen Ostblockstaaten waren im Westen seit jeher ein
Objekt der Sammelleidenschaft. Und anders als der
BND hielten viele private Sammler – darunter in die
Bundesrepublik ausgereiste DDR-Bürger und Emig-
ranten aus Ostblockstaaten – ihre Funde nicht unter
Verschluss, sondern veröffentlichten sie.[7]

So rückte etwa im Jahr 1961, als der Bau der Berliner Mauer die deutsche Teilung zu verewigen drohte,
der Autor Ulli Kracht politische Witze in den Mittel-
punkt seiner Sammlung »Pankow scharf pointiert«. Er
wertete sie als Beweis für den anhaltenden »Drang zur
Freiheit« und den inneren Abstand zum System »in
Mitteldeutschland«: »Die Existenz des politischen Witzes ist ein Beweis dafür, dass sich viele Menschen in
der äußeren Unfreiheit die persönliche Freiheit des
Denkens bewahrt haben, drücke sie sich auch nur
im schweigsamen – und doch schon gefährlichen! –
Anhören eines politischen Witzes aus. Diese Freiheit
reicht aber auch bis zur geistigen Auflehnung derer,
die den Ungeist der Unfreiheit geißeln, indem sie den
politischen Witz verbreiten.«[8] Die Witze selbst wurden
zum größten Teil aus Interviews mit »jüngst geflohe-
nen Sowjetzonenbewohnern« gewonnen und diese
Gespräche zugleich zur Klärung der Fragen genutzt,
»wann, wo, wie, von wem und in welchem Kreise«
Witze in der DDR erzählt und gehört wurden. Die Ge-
samtzahl der Gesprächspartner blieb unerwähnt. Die
Auswertung war sicher kaum repräsentativ, aber die
Ergebnisse waren gleichwohl interessant. Danach berichteten 78 Prozent der Befragten, häufig politische

Witze gehört zu haben – zumeist von Parteilosen erzählt, zu einem nicht geringen Anteil aber auch von SED-Genossen (26 Prozent). Fast 90 Prozent hörten die Witze an ihrem Arbeitsplatz, kaum jemand in der Familie oder in der Kneipe. Zumeist wurden sie geflüstert, nicht selten jedoch auch offen erzählt (40 Prozent). Von Bestrafungen bzw. Disziplinierungen deswegen wussten 17 Prozent der Befragten zu berichten.[9]

Trotz aller Strafen bringe der »kommunistische Alltag mit seiner himmelschreienden Diskrepanz zwischen menschheitsbeglückendem Anspruch und seiner trostlosen Wirklichkeit« unentwegt neue Witze hervor, schickte Mischka Kukin – das Pseudonym wird dem als »Nazi-Jäger« bekannt gewordenen Simon Wiesenthal zugeschrieben – seiner Anthologie »Humor hinter dem Eisernen Vorhang« voraus. Mit diesen Witzen rebelliere »das Volk gegen das verlogene Pathos derer, die es angeblich in eine bessere Zukunft« führten; es protestiere damit »gegen eine überhebliche Bürokratie, gegen die ›geplante‹ Misswirtschaft, gegen die Protzerei der ›neuen Klasse‹, gegen das permanente Bevormunden und Schurigeln«.[10]

Die Funktion des systemkritischen politischen Witzes, schloss Kurt Hirche 1964 in seiner Abhandlung »Der ›braune‹ und der ›rote‹ Witz« daran an, bestehe darin, politisch ein bestehendes Staatssystem und seine Träger anzugreifen, soziologisch den Zusammenschluss der Angreifer zu fördern und »psychologisch den Menschen, die gegen ihre Unterdrückung aufbegehren, neue seelische Energien für ihren Kampf zu vermitteln«.[11] Zweifellos sei der politische Witz eine Waffe im Kampf gegen die Machthaber und die Machtverhältnisse – aber eben nur eine der vielen Waffen, die im politischen Kampf benutzt werden und die dann in ihrer Gesamtheit bestimmte Wirkungen auslösten.[12] Hatte Kukin noch deklamiert, »Diktatoren und Diktaturen werden durch Lächerlichkeit nicht getötet«[13], argumentierte Hirche, dass, bezogen auf die Nazi-Zeit, der politische Witz fraglos »zu der allmählichen Zersetzung der Hitlermacht beigetragen« habe.[14] Vielleicht sei dessen Wirkungsanteil sogar größer gewesen »als der von illegalen Druckschriften und Flugblättern, die immer nur einen kleinen Teil des Volkes erreichten, indessen der politische Witz wortwörtlich in aller Munde war«[15]. In dieser Hinsicht sei »der Anti-SED-Witz, der antikommunistische Witz« noch »am Werke«.[16]

Hirche veröffentlichte rund 800 auf den Nationalsozialismus und 400 auf die DDR bezogene politische Witze – und verzichtete dabei auf zahlreiche »rote« Witze, »weil es sich bei ihnen nur um abgewandelte Wiederholungen ehemals brauner Witze« gehandelt habe.

Damit ist das Phänomen des »Wanderwitzes« thematisiert, das sich in dem überspitzten Bonmot verdichtet, es gebe gar keine neuen politischen Witze, sondern nur neue Situationen und ein neues Publikum.[17] Politische Witze wandern, immer an die neuen Verhältnisse angepasst, durch die Jahrhunderte. Im 20. Jahrhundert mutierten Anti-Nazi-Witze durch Begriffs- und Namensaustausch zu Anti-SED- oder Anti-Sowjet-Witzen. Die Ähnlichkeit der Machtstruktur und Machtverhältnisse legte es nahe, Witze aus der Sowjetunion durch personelle und geringfügige nationale

Anpassungen auf die übrigen Ostblockstaaten zu übertragen. Und nach einem Wechsel im Amt der Generalsekretäre der kommunistischen Parteien waren die Witze über den Nachfolger durch einfachen Namensaustausch genauso schnell im Umlauf wie der neue Parteiführer im Amt. So mutierten in der DDR zahllose Anti-Ulbricht-Witze nach dessen Sturz im Mai 1971 in kürzester Zeit zu Anti-Honecker-Witzen.

III.

Seltsamerweise haben – anders als der Bundesnachrichtendienst und die Herausgeber der Witz-Anthologien – weder die westliche DDR-Forschung bis 1989 noch die Zeitgeschichtsforschung im vereinigten Deutschland bis heute dem Genre des politischen Witzes größere Aufmerksamkeit geschenkt.

Zu den Ausnahmen gehört der Osteuropa-Historiker Jörg Konrad Hoensch. Im Jahr 1972 warb er dafür, den am politischen Tagesgeschehen orientierten Ostblockwitz »als lebendiges Anschauungsmaterial zur Zeitgeschichte« zu betrachten.[18] Der anonyme politische Flüsterwitz des Volkes, so Hoensch, vermöge »die lauteste Propaganda, die gängigste Phrase, die raffinierteste Lüge zu enttarnen, den routiniertesten Dialektiker zu verunsichern und die öffentliche Meinung selbst im totalitären Staat, der ansonsten alle oppositionellen Regungen radikal im Keim erstickt, insgeheim und durch unkontrollierbare Kanäle in einem – wenn auch beschränkten – Maß zu beeinflussen«.[19] Gerade unter totalitären und autoritären Regimen, »die sich zur Aufrechterhaltung ihres absoluten Herrschaftsanspruchs außer physischer Bedrohung und materiellen Zwängen manipulierter Massenmedien und einer überquellenden Propaganda bedienen müssen, gleichzeitig aber eine unbeeinträchtigte, freie Meinungsäußerung nicht zulassen können, (...) erlangen für den Historiker die insgeheim verbreiteten Anekdoten und Witze Quellencharakter«.[20] Hoensch wertete rund 2500 politische Flüsterwitze aus der Sowjetunion und Ostmitteleuropa aus. Dem größten Teil der Witze (64 Prozent) bescheinigte er »sachliche Kritik an den Zeitereignissen«. 32 Prozent klassifizierte er als aggressive, antikommunistische Witze; zwei Drittel davon wiederum schienen ihm – zumeist von westlichen Rundfunkstationen – »eingeschmuggelte Witze« zu sein.

Zur Wirkung der Witze wagte sich Hoensch abschließend nicht über die vorsichtige These hinaus, dass die politischen Witze die kommunistischen Regime zwar offensichtlich nicht angeschlagen hätten, aber gewiss zur Stärkung gedanklicher Vorbehalte gegen sie und »zur Schärfung der politischen Bewusstheit in der Bevölkerung beigetragen haben« dürften.[21]

Mit einer Quelle, deren Urheber anonym bleiben, deren Entstehungszeitpunkt und Originalität zumeist unklar und deren Verbreitungsgrad unbekannt ist, müssen sich Historiker aus methodischen Gründen schwertun. Zudem war Witze erzählen allein sicher kein Dissidententum und fällt nicht unter die Kategorie Widerstand.[22] Da die Witzkultur jedoch »kontinuierlich und eng mit der Durchschnittsmentalität und dem Alltag der Bevölkerung verbunden war«, so der ungarische Schriftsteller György Dalos, biete sie »mehr Anhaltspunkte für eine Rekonstruktion des Weltbilds der osteuropäischen Menschen als etwa die

Produktion der Samisdat-Verlage«.[23] Insofern sollten politische Witze als zeitgeschichtliche Quellen ernst genommen und auf ihre Betrachtung und Analyse als Bestandteil der nonkonformen politischen (Alltags-) Kultur totalitärer Systeme und deren Umgang mit den Witz-Erzählern nicht verzichtet werden.

IV.

Im Unterschied zur westlichen DDR-Forscher- und heutigen Historiker-Zunft nahm die DDR-Staatsmacht nonkonforme politische Witze außerordentlich ernst und verfolgte deren Erzähler besonders in den 1950er und 1960er Jahren nicht selten mit großer Härte. Den feinen Unterschied zwischen sachlich-kritischen und aggressiv-antikommunistischen Witzen machte sie nicht. Politische Witze galten insgesamt als »staatsfeindliche Hetze«, als Angriff auf die »Arbeiter-und-Bauern-Macht«, und ihre Erzähler wurden vielfach strafrechtlich belangt. Grundlage dafür war anfangs der »Boykotthetze«-Artikel der DDR-Verfassung (Art. 6, Abs. 2)[24] und ab 1957 vor allem Paragraph 19 (»Staatsgefährdende Propaganda und Hetze«) des DDR-Strafrechtsergänzungsgesetzes (StEG)[25]. Der auch vom BND noch 1988 überlieferte Witz: »Es gibt Leute, die Witze erzählen, es gibt Leute, die Witze sammeln und Witze erzählen, und es gibt Leute, die Leute sammeln, die Witze erzählen« wanderte durch die Jahrzehnte und hatte durchaus keinen spaßigen Hintergrund.

Fünfzehn Monate Zuchthaus und den Verlust der bürgerlichen Rechte trug einem 33-jährigen Landwirt aus Erxleben u. a. folgender Witz ein: »Wer hat die stärkste Flotte – die DDR oder England? – Die DDR hat die stärkste Flotte. Sie hat 16 Millionen Kohlendampfer, zwei Millionen Abdampfer und drei Zerstörer.«[26] Am Rande einer Schweinevermarktung und nach reichlichem Alkoholgenuss hatte der Landwirt am 19. Dezember 1955 mit diesem und zwei weiteren Witzen die in der örtlichen Bahnhofswartehalle versammelten Bauern in Stimmung gebracht. Zwei Tage vor Weihnachten wurde der Familienvater verhaftet – ein LPG-Vorsitzender aus dem Nachbarort hatte den Witze-Erzähler denunziert. Das Bezirksgericht Magdeburg befand am 1. März 1956 auf Verbrechen wegen Boykotthetze gegen demokratische Einrichtungen und Organisationen. In der Urteilsbegründung hieß es, er habe sich durch das Weitererzählen der Witze zum »Sprecher feindlicher Kräfte« gemacht und dazu beigetragen, »das Vertrauensverhältnis zwischen den Bürgern, der Regierung und den demokratischen Organisationen zu untergraben«[27].

Im Vordergrund eines Prozesses vor dem Bezirksgericht Rostock gegen zwei Arbeiter der Neptunwerft im Alter von 31 und 56 Jahren stand am 1. Juni 1956 der Vorwurf, sie hätten »westlichen Hetzsendern« ihr Ohr geliehen und deren Gerüchte, Verleumdungen und Hetze in ihrem Betrieb weiterverbreitet. Politische Witze, die der 56-Jährige auf der Werft erzählt hatte, kamen in diesem Fall als weiterer Anklagepunkt hinzu. In der Untersuchungshaft wurde er offenbar gezwungen, seine Witze, die – wie er selbst voranschickte – »eine wüste antidemokratische Propaganda gegen die DDR und das Weltfriedenslager beinhalten«, handschriftlich zu Papier zu bringen – als Beweismittel gegen sich selbst. Ein Beispiel: »Pieck und Grotewohl sind in Moskau bei Stalin. Stalin schenkt Pieck und Grotewohl ein Auto. Wie sie damit losfahren wollen, ist kein Motor drin. Da sagt Stalin: Solange es bergab geht, braucht auch kein Motor drin sein.«[28] Wegen Verbrechens nach Art. 6 der DDR-Verfassung – Boykott-hetze – verurteilte das Bezirksgericht Rostock die bei-den Arbeiter zu eineinhalb Jahren Zuchthaus.[29]

In Frankfurt (Oder) klagte die Staatsanwaltschaft im Herbst 1961 einen 31-jährigen Elektriker unter dem Vorwurf an, »die ideologischen Grundlagen der volks-demokratischen Staats- und Gesellschaftsordnung angegriffen zu haben«. »Mit welcher Gemeinheit und Verkommenheit der Beschuldigte seine Verbrechen durchführte«, hieß es in der Anklageschrift, »ergibt sich aus dem Umstand, dass er die staatsgefährdende Propaganda und Hetze als sogenannte politische Witze in die Bevölkerung der DDR hineinlanciert.«[30] Einer der Witze des Elektrikers, von einem Arbeitskol-legen etwas holprig zu den Akten gegeben, machte sich über Walter Ulbricht lustig: »Die Frau von Walter Ulbricht überredete ihren Mann, eine Ziege zu kaufen, damit sie wegen der schlechten Zeiten selbst buttern können. Da sie die Ziege zum Bock bringen musste, aber nicht so auf die Straße gehen wollte, packte sie die Ziege in einen Kinderwagen und ging los. Auf der Straße traf sie Frau Grotewohl. Diese war erfreut, dass doch noch ein Kind angekommen ist, schaute in den Wagen und stellte fest: ›Ach Gott, der ganze Vati!‹«[31] Erschwerend wurde dem Elektriker neben den Witzen angelastet, dass er sich am 14. August 1961 während einer Parteidiskussion im Betrieb gegen die »Maßnah-men unserer Regierung vom 13. August 1961«, also gegen den Mauerbau, ausgesprochen und freie Wahlen gefordert hatte. Zudem hatte er eingeräumt, sich nicht nur im DDR-Fernsehen, sondern auch im West-Fernsehen politisch zu informieren. Am 5. Dezember 1961 wurde er vom Bezirksgericht Frankfurt (Oder) »wegen fortgesetzter staatsgefährdender Propaganda und Hetze« zu vier Jahren Gefängnis verurteilt – und sein Fernsehgerät Marke »Derby« eingezogen. Aus der Urteilsbegründung: »Das Verbrechen des Angeklagten ist von außerordentlicher Gesellschaftsgefährlichkeit. (…) Er hat die unverschämteste Hetze gegen den Vorsitzenden des Staatsrates verbreitet, der als Aktivist der ersten Stunde seit den Maitagen 1945 unermüdlich und unerschrocken an der Spitze der revolutionären Partei der geeinten Arbeiterklasse so hervorragende Leistungen für das Neue Deutschland des Friedens, der Demokratie und des Sozialismus vollbracht hat.«[32] Die drakonische Strafe wurde im Berufungsverfahren auf Veranlassung des Obersten Gerichts auf zwei Jahre und vier Monate herabgesetzt und der Fernsehapparat an die Familie zurückgegeben. Wegen guter Führung im Strafvollzug kam der Elektriker schließlich nach 15 Monaten Gefängnis frei.

V.

Es ist bis heute weitgehend unerforscht, inwieweit und in welchem Umfang das Erzählen politischer Witze allein Anlass von Verhaftungen und Ursache von Verurteilungen war. Verallgemeinernde Aussagen über das Ausmaß der Verfolgung lassen sich daher nicht treffen. Unerforscht ist auch, ob der Verfolgungseifer möglicherweise lokal und regional unterschiedlich ausgeprägt war. Im mecklenburgischen Bützow verzichtete der Staatssicherheitsdienst Anfang 1961 darauf, einen Witz-Erzähler zu inhaftieren. Stattdessen wurde der 18-jährige Dachdecker in einer »Aussprache« mit einem Stasi-Mitarbeiter, der Kreisstaatsanwältin und einem Mitarbeiter der Abteilung K der Volkspolizei »ernsthaft verwarnt und darauf hingewiesen, dass er sich in Zukunft so verhält, wie es sich für einen Bürger der DDR gehört«. Begehe er jedoch wieder eine »Straftat«, dann werde er »gerichtlich zur Verantwortung gezogen«.[33]

Zur nachlassenden strafrechtlichen Verfolgung von Witz-Erzählern gab ein in der Witz-Bekämpfung tätiger Oberst des sowjetischen Geheimdienstes 15 Jahre nach dem Untergang der Sowjetunion zu Protokoll, dass der KGB im Kampf gegen Chruschtschow-Witze irgendwann einfach die Segel gestrichen habe. Man habe die Leute nicht mehr wegen Chruschtschow-Witzen festnehmen können, »sonst hätte man das ganze Land wegsperren müssen«.[34] 1961 habe er den Befehl erhalten, »niemanden mehr wegen antisowjetischer Aktivitäten zu verhaften, sondern ›Gespräche‹ zu führen«, eine Ermahnung auszusprechen und nur für den Wiederholungsfall mit Verhaftung zu drohen.[35] Über die Verbreitung politischer Witze habe es beim KGB folgenden Kalauer gegeben: »Was ist der Unterschied zwischen einem Dissidenten und einem KGB-Agenten? Der Dissident erfindet die Witze, und der KGB-Agent verbreitet sie.« Dieser Witz, so der KGB-Oberst, »war nicht so weit von der Wahrheit, denn wenn ein KGB-Offizier jemanden Witze erzählen hörte, musste er einen Bericht schreiben und die Witze mitliefern. Der Bericht wurde dann kopiert und an seinen Vorgesetzten weitergegeben. Dessen Sekretär tippte die Berichte ab und gab sie an den nächsten ranghöheren Offizier, und ehe man es sich versah, hatten fünfzig Leute einen neuen Witz gelernt und erzählten ihn zu Hause ihrer Frau.«[36] Und wenn diese die Witze etwa beim Einkaufen weiterverbreiteten? Der KGB-Oberst: »Das war auch ein Grund, warum wir wegen des Erzählens von Witzen niemand mehr verhaftet haben.«[37]

Bereits im Laufe der 1960er und noch mehr in den 1970er Jahren scheint sich dieser »mildere« Umgang auch in der DDR durchgesetzt zu haben.[38] Welche Gründe gab es dafür? Dass die Gefängnisse nach dem Bau der Mauer Ende 1961 so voll waren wie selten zuvor, mag einer gewesen sein. Selbst Stasi-Minister Erich Mielke sah sich im Dezember 1961 zu der Forderung veranlasst: »Wir müssen dazu übergehen, durch neue Methoden in Zusammenarbeit mit der Partei und den gesellschaftlichen und staatlichen Einrichtungen die feindliche Tätigkeit zu unterbinden. Es ist nicht möglich, die gegenwärtig hohe Zahl von Festnahmen noch länger beizubehalten.«[39]

Auch hatte sich das SED-Regime mit dem Mauerbau stabilisiert: Die Massenflucht war unterbunden, die Menschen waren gezwungen, sich zu arrangieren, und allmählich verbesserte sich auch die wirtschaftliche Lage. Im Zuge der Entspannungspolitik brachte es die DDR-Führung Anfang der 1970er Jahre zu internationaler politischer Anerkennung; der langjährige Status der DDR als Schurkenstaat gehörte der Vergangenheit an, das Regime gewann an Selbstbewusstsein. Nach und nach war zudem die weltrevolutionäre Ideologie aufgegeben worden; auf die Zwangsutopie der »sozialistischen Menschengemeinschaft« und der klassenlosen kommunistischen Gesellschaft folgte nach Honeckers Machtantritt ein »Konsumsozialismus« als Integrationsangebot an die Bevölkerung. Vor diesem Hintergrund veränderte sich die Aufgabenstellung des DDR-Staatssicherheitsdienstes: weg »von der offensiven, die Parteiherrschaft durchsetzenden Repression zur defensiven, die Herrschaftsstrukturen konservierenden und sichernden Repression«.[40] Mit dem 1968 in Kraft getretenen DDR-Strafgesetzbuch und dessen Paragraphen 106 – »staatsfeindliche Hetze« – blieb zwar die Grundlage für eine strafrechtliche Verfolgung auch von Witz-Erzählern mit einer Androhung von bis zu fünf Jahren Freiheitsstrafe erhalten.[41] Doch in einer Stasi-Dienstanweisung vom Juni 1971 tauchten unter »staatsfeindlicher Hetze mit hoher Gesellschaftsgefährlichkeit« politische Witze nicht (mehr) auf.[42] Und auch insgesamt spielte »staatsfeindliche Hetze« als Deliktvorwurf in den 1970er und 1980er Jahren eine immer geringere Rolle. Anstelle der Einleitung von Ermittlungsverfahren oder gar Inhaftierungen, so legt eine Stasi-Diplomarbeit aus dem Jahr 1982 nahe, seien in vielen Fällen »mündlicher staatsfeindlicher Hetze« niedrigschwelligere Maßnahmen angebracht. Dazu gehörten an erster Stelle »Befragungen verdächtiger Personen mit anschließender schriftlicher Belehrung / Verwarnung durch das Untersuchungsorgan bzw. den Staatsanwalt, teilweise verbunden mit Parteiinformationen sowie der Einleitung disziplinarischer und teilweise parteierzieherischer

Maßnahmen«.[43] Der Hinweis auf »parteierzieherische Maßnahmen«, die nur gegen SED-Mitglieder verhängt werden konnten, deutet bereits an, dass auch Genossen wegen »mündlicher staatsfeindlicher Hetze« auffällig wurden. SED-Mitglieder als Verbreiter nonkonformer politischer Witze? Hatte Wolf Biermann recht, als er 1978 die Doppelmoral von SED-Genossen anklagte, »die, wenn sie unter sich und besoffen sind, die widerlichsten antisowjetischen Witze erzählen, Leute, die abends an Russenhass ausscheißen, was sie tagsüber an Freundschaftsphrasen fressen mussten«?[44]

Tatsächlich informierte die Stasi im Dezember 1978 zunächst intern darüber, »dass seit Mitte des Jahres 1978 unter fast allen Bevölkerungsschichten zunehmend politische Witze und Texte, teilweise in Gedichtform, kursieren, in denen die ökonomische Politik der SED und die ökonomische Entwicklung in der DDR mit gezielter Ironie und angeblicher Satire diffamiert und verunglimpft werden«.[45] Hinweise auf die Urheber der Witze und Texte lägen bisher nicht vor, dafür jedoch auf deren Verbreiter: leitende Mitarbeiter aus staats- und wirtschaftsleitenden Organen, Kombinaten, Betrieben und Einrichtungen, weitere Angehörige der wissenschaftlich-technischen Intelligenz sowie Angehörige der bewaffneten Organe – darunter eine erhebliche Anzahl von SED-Mitgliedern. Die Weiterverbreitung sei zuerst mündlich erfolgt, hieß es in einer ergänzenden Information, nachfolgend jedoch von dem benannten Personenkreis »vor allem in Form von hand- und maschinenschriftlichen Vervielfältigungen, Ormigabzügen und Druckexemplaren«.[46]

Erstaunlich unaufgeregt reagierte Stasi-Minister

Mielke. Die Diffamierungen und Verunglimpfungen, so Mielke, beruhten »bis auf Ausnahmen nicht auf Feindtätigkeit«. Er wies die Leiter seiner Diensteinheiten lediglich an, »die Kolporteure, Vervielfältiger und – wo erforderlich – die jeweils übergeordnete Leitung auf das Verwerfliche und Schädliche einer solchen Handlungsweise eindeutig hinzuweisen. Weiter ist darauf aufmerksam zu machen, dass dadurch objektiv feindliche Bestrebungen begünstigt werden. Weiter ist zu gewährleisten, dass sich solche Erscheinungen nicht wiederholen und mögliche neue Verbreitungen und Vervielfältigungen unterbunden werden.«[47] Doch Mielkes Befehl war offenbar kein Erfolg beschieden, denn »solche Erscheinungen« wiederholten sich. Schon im April 1979 beklagte der Stasi-Bezirkschef von Karl-Marx-Stadt (Chemnitz), politische Witze, »mit deren Inhalt die Politik der SED und der Generalsekretär des ZK der SED, Genosse Erich Honecker, verleumdet werden«, fänden besonders unter Mitgliedern und Funktionären der SED Verbreitung – und zitierte einige Beispiele:

»*Frage: ›Ist auf einer 1-Mark-Münze Erich Honecker erkennbar?‹*

Antwort: ›Ja. – Gemeint ist die kleine Niete im Staatswappen der DDR.‹«

»*Ein Plakat zum 30. Jahrestag der DDR soll folgendermaßen gestaltet werden:*

30 Äpfel umgeben eine brennende Kerze.

Grund: Wir wurden 30 Jahre veräppelt, nun geht uns ein Licht auf.«[48]

In den 1950er und 1960er Jahren waren Parteilose für ähnliche Witze noch mit Zuchthaus bestraft worden. Am Ende der 1970er Jahre waren es selbst SED-Funktionäre und staatliche Leiter, die den Staatsratsvorsitzenden und die »Arbeiter-und-Bauern-Macht« lächerlich machten – und dies nicht in Bahnhofswartehallen und Gaststätten, sondern auf offiziellen Partei- und Betriebsversammlungen. Und die die Witze auch noch vervielfältigten und deren Publikum enorm vergrößerten.

Lächerlichmachung kann eine Diktatur nicht töten. Aber wenn sie nun nicht mehr allein in der normalen Bevölkerung, sondern auch in der die Diktatur tragenden Partei und ihrem Funktionärskörper um sich griff: War dies nicht ein ernsthaftes Anzeichen dafür, dass der Glaube an die Sieghaftigkeit des Sozialismus, an den Erfolg und die Fähigkeiten der Partei und ihrer Führer schon in den eigenen Reihen untergraben war? »Keine große Bewegung, die die Welt verändern soll«, so Milan Kundera in seinem Roman »Der Scherz«, »duldet Lächerlichmachung und Herabsetzung, denn das ist der Rost, der alles zerfrisst.«[49]

VI.

Seinem Auftrag gemäß sollte der Bundesnachrichtendienst die Bundesregierung über alle relevanten politischen, wirtschaftlichen, militärischen und technologischen Vorgänge in der DDR informieren. Gehörten auch die Witze dazu? Was passierte mit der geballten Sammlung an Scherzen aus dem Arbeiter- und Bauern-Staat? Offenbar waren die Kalauer politisch so »relevant«, dass sie dem Kanzleramt und mehreren Ministerien vorgelegt wurden. So sind DDR-Witzsammlungen des BND aus den Jahren 1986 bis 1990 selbst im Archiv des Bundeskanzleramtes überliefert. Erst im März 2015 wurde dort die Geheimhaltungsstufe »VS – Nur für den Dienstgebrauch« aufgehoben. 25 Jahre nach dem Ende der DDR darf nun auch im Kanzleramt außerhalb des Dienstes darüber geschmunzelt – und über den Vorgang insgesamt gerätselt werden. Eine Regierungssprecherin erklärt dazu: »Im Rahmen seiner Berichterstattung zur politischen Lage der DDR hat der BND regelmäßig an die mit DDR-Fragen befassten Stellen der Bundesregierung auch Sammlungen von DDR-Witzen übermittelt. Zu den Adressaten gehörte als vorgesetzte Stelle des BND auch das Bundeskanzleramt. Vorgelegt wurden diese BND-Berichte grundsätzlich der Leitung des Bundeskanzleramtes sowie den Stellen im Hause, die mit Angelegenheiten der DDR befasst waren. Teilweise wurde eine Auswahl der Witze auch dem Bundeskanzler zur Kenntnisnahme vorgelegt.«[50]

Es war kein Geringerer als der damalige BND-Präsident Hans-Georg Wieck, der sich persönlich am 17. November 1986 an den »sehr geehrten Herrn Bundeskanzler« wandte, um ihm die neueste Kalauer-Kollektion seiner Agenten zuzuleiten. Kanzler Helmut Kohl schien von diesem Ergebnis der operativen Tätigkeit seines Auslandsnachrichtendienstes nicht sehr amüsiert gewesen zu sein. Mit dickem schwarzem Filzstift notierte er: »Teltschik (damals Abteilungsleiter für auswärtige und innerdeutsche Beziehungen im Kanzleramt, Anm. d. Vf.) erledigen.«[51] Ein weiteres Indiz dafür, dass sich die Begeisterung von Helmut Kohl in Grenzen hielt: Zwei Jahre darauf verschickte nicht mehr der BND-Präsident selbst die Witzsammlung, sondern sein Vize Paul Münstermann. Empfänger war auch nicht mehr der »Herr Bundeskanzler persönlich«, sondern Waldemar Schreckenberger, seines Zeichens Staatssekretär im Bundeskanzleramt. Zum Gesamtverteiler des Schreibens »Pr-BND 30/31 C vom 15. 11. 1988« zählten auch der damalige Kanzleramtschef Wolfgang Schäuble und Ministerialdirektor Horst Teltschik. Fünf weitere Exemplare gingen an Staatssekretäre in das Außenministerium, in das Bundesinnenministerium, das Bundesministerium für innerdeutsche Beziehungen und das Bundespresseamt sowie an den Berliner Senator für Justiz und Bundesangelegenheiten, Ludwig Rehlinger. BND-Vizepräsident Münstermann schrieb damals: »In der Anlage übersende ich eine Auswahl derzeit in der DDR kursierender politischer Witze. Sie dürften ein ziemlich treffendes Bild über die Stimmung in der Bevölkerung zeichnen, auch deshalb, weil das Verbreiten derartiger Witze für den Erzähler nicht ganz ungefährlich ist und ein gewisses Maß an Zivilcourage erfordert.«[52]

Keine Auskunft geben die noch im Kanzleramt vorhandenen Unterlagen darüber, ob die DDR-Witze auch im Bundeskabinett die Runde machten. Und auch nicht darüber, ob ihre Empfänger sie möglicherweise auf Karnevalsveranstaltungen nutzten, zu denen sie eingeladen waren. Denn »nach derzeitiger Aktenkenntnis«, so die Auskunft des BND, wurden »Witzsammlungen in den Jahren vor 1990 vom BND jeweils am sogenannten Rosenmontag, dem Höhepunkt der rheinischen Karnevalszeit, herausgegeben. Darüber hinaus war der 11. November eines Jahres, der Beginn einer jeden rheinischen Karnevalssaison, ein zweites Herausgabedatum.« Der BND erklärt die jeckenfreundlichen Herausgabezeitpunkte: »Hierin spiegeln sich die schwierigen Entscheidungen auf Seiten des BND mit dem Umgang der gesammelten DDR-Witze. Auf der einen Seite passte der Witz nicht zum ernsthaften nachrichtendienstlichen Geschäft, auf der anderen Seite dürfte sich in den Witzen ein Teil der ostdeutschen Gefühlslage widergespiegelt haben.«[53]

VII.

Gibt es Anzeichen dafür, dass der BND die Witze nicht nur sammelte und weiterleitete, sondern auch auswertete? Und welche Schlussfolgerungen zog er daraus? Gesonderte Witz-Analysen gebe es nicht, so die offizielle Auskunft des BND, ihre Auswertung sei, »sofern relevant, in die Ergebnisse der BND-Auswertearbeit integriert« worden.[54]

Nun hat der BND in den vergangenen Jahren über die Witz-Dokumentationen hinaus Ergebnisse seiner »Auswertearbeit« freigegeben – vor allem politische Meldungen und Lageeinschätzungen, mit denen das Bundeskanzleramt und verschiedene Ministerien über Stimmungen, Entwicklungen, Personen und Ereignisse in der Endphase der DDR informiert wurden. Die Akten harren noch einer gründlichen Auswertung. »Die Dokumente zeigen«, resümiert der BND nicht ohne Selbstkritik, »dass man in Pullach über die grundsätzlichen Entwicklungslinien und Ereignisse frühzeitig informiert war, auch wenn die Schlussfolgerungen nicht immer kohärent waren«.[55]

Die bisher freigegebenen Akten halten konkrete Quellen nach wie vor geheim. Dennoch wird deutlich, dass der BND Zugriff auf interne Papiere der Staatssicherheit und des DDR-Innenministeriums, auch des SED-Zentralkomitees hatte – in welchem Umfang auch immer. Der Mitschnitt eines Telefonates von Rechtsanwalt Wolfgang Vogel, dem Beauftragten von SED-Generalsekretär Erich Honecker für humanitäre Angelegenheiten wie etwa den Häftlingsfreikauf, mag als Beleg dienen, dass der Erfolg der Lauschoperationen des BND im DDR-Telefonnetz, einschließlich des Partei- und Regierungsnetzes, kaum hinter dem der DDR-Staatssicherheit zurückgestanden haben dürfte. Einer Reihe von Berichten ist zudem zu entnehmen, dass einige Quellen im Umfeld der obersten SED-Entscheidungsgremien platziert waren. Wie weit deren Informationen zuverlässig waren, wäre eine eigene Untersuchung wert. Gleichwohl drängt sich der Eindruck eines jedenfalls nicht schlecht informierten Geheimdienstes auf.

Die bislang freigegebenen Akten zeigen aber auch, dass die Meldungen und Analysen des BND, vor allem in Bezug auf die Entwicklungen im SED-Partei- und DDR-Regierungsapparat sowie die internen Macht- und Entscheidungskämpfe dort, tatsächlich nicht immer »kohärent« und auf der Höhe der Zeit waren. Hochrechnungen der aufgeschnappten Zahlen eines oder mehrerer DDR-Kreise auf das gesamte Gebiet der DDR sowie angebliche Informationen aus dem DDR-Innenministerium verleiteten den BND 1989 etwa zu der Fehlmeldung, 1 bis 1,5 Millionen DDR-Bürger warteten auf ihre Ausreise.[56] Tatsächlich gab es 1989 lediglich rund 120 000 Ausreise-Antragsteller. Noch am 26. September 1989 schätzte der BND die sich gründenden DDR-Bürgerrechtsgruppen als »Randgruppen« ein, »die über keine politische Machtbasis verfügen«. Die Schlussfolgerung des BND, vierzehn Tage vor der großen Leipziger Montagsdemonstration vom 9. Oktober 1989: »Eine explosive Mischung, die zu Entwicklungen vergleichbar dem 17. Juni 1953 führen könnte, ist jedoch nicht zu erkennen.«[57]

Ausgerechnet dem Hardliner Erich Honecker, der mit dem Gedanken spielte, zur Einschüchterung der Demonstranten Panzer durch Leipzig fahren zu lassen, bescheinigte der BND noch am 9. Oktober auf der Grundlage einer nachrichtendienstlichen Quelle, eine Reform-Entwicklung in der DDR initiieren zu können.[58]

Nach dem Sturz Honeckers am 17./18. Oktober 1989 meldete der BND, der »Führungswechsel« käme zwar nicht unerwartet, »es überraschte jedoch der Zeitpunkt«.[59] Dabei war der Machtwechsel eine Woche lang in der SED-Führung vorbereitet und am 16. Oktober noch in Moskau mit KPdSU-Parteichef Michail Gorbatschow abgestimmt worden. Die *Bild*-Zeitung hatte hier offenbar bessere Quellen. Auf der Titelseite der Ausgabe vom 13. Oktober 1989 hatte sie die Ablösung des SED-Generalsekretärs für den 18. Oktober 1989 auf den Tag genau angekündigt: »Honecker: Mittwoch letzter Arbeitstag!«

Altkanzler Helmut Schmidt wird die sicher überspitzte Charakterisierung des BND als »Dilettanten-Verein« zugeschrieben. Seine Teilnahme an den wöchentlichen BND-Sicherheitsbesprechungen im Kanzleramt, so überlieferte es sein Regierungssprecher Klaus Bölling, habe Schmidt mit den Worten abgelehnt, »da lese ich stattdessen doch lieber gleich die ›Neue Zürcher Zeitung‹«.[60] Auch für Bundeskanzler Helmut Kohl scheinen die Medien in der Endphase der DDR nicht selten eine zuverlässigere Informationsquelle gewesen zu sein als die Pullacher Späher.

Es war nicht der BND, sondern die alternative »Tageszeitung« (taz), die bereits am 6. November 1989 den »Fall der Mauer« meldete. Für deren Redakteur Klaus Hartung war der zwar noch bewachte »antifaschistische Schutzwall« in Berlin mit der Freigabe des Reiseverkehrs für DDR-Bürger zwischen der Tschechoslowakei und der Bundesrepublik seit dem 3. November 1989 faktisch hinfällig geworden.[61]

Auch von dem Ansturm auf die Berliner Grenzübergänge am 9. November 1989 und dem Mauerfall selbst erfuhr der Bundeskanzler während eines Staatsbesuches in Polen nicht aus Pullach, sondern telefonisch von seinem Vertrauten Eduard Ackermann, der Stallwache im Bonner Kanzleramt hielt und die Agenturmeldungen und Fernsehberichte verfolgte.[62]

Die BND-Schlussfolgerungen der nächsten Tage machen deutlich, warum der Geheimdienst selbst seine Analysen im Nachhinein als »nicht immer kohärent« bezeichnet. Während der SED-Staat durch den Verlust der Kontrolle über seine Grenze und seine »Staatsinsassen« (Joachim Gauck) in sein finales Stadium eintrat, brachten die DDR-Auswerter in Pullach in einer Information für den BND-Präsidenten vom 13. November 1989 die Einschätzung zu Papier: »Die Lockerung der Reisebestimmungen hat dem Regime eine Verschnaufpause gebracht und könnte helfen,

Misstrauen abzubauen.«[63] Die »sicherlich riskante Maß-
nahme des Regimes«, heißt es weiter – so als ob der
Massendurchbruch durch die Mauer beabsichtigt gewesen sei –, führe der DDR-Bevölkerung »mehr als alle
anderen bisher unternommenen Schritte die Ernst-
haftigkeit des Reformwillens vor Augen«. Krenz und
die Mitglieder des Politbüros hätten »in ihrem Werben
um Vertrauen einen Erfolg erzielt«[64]. Und am 17. November 1989 schätzen die Pullacher Geheimdienstler
immer noch ein, dass die SED-Führung mit den ge-
währten Reisemöglichkeiten »das Klima eines vorsich-
tigen Vertrauens geschaffen habe, in dem sie die weiteren Maßnahmen mit etwas weniger Hektik als bisher
durchführen kann«[65].

Zu diesem Zeitpunkt musste selbst für jeden Fern-
sehzuschauer und Zeitungsleser unübersehbar gewesen sein, dass die Demonstrationen auch nach dem
Mauerfall unvermindert anhielten, bis schließlich die
Macht der SED mit der Auflösung des SED-Politbüros
und -Zentralkomitees am 3. Dezember 1989 gebrochen
und ein Runder Tisch bis zu den ersten freien Wahlen
im März 1990 die Kontrolle der Machtausübung der
DDR-Regierung unter Hans Modrow übernahm.

VIII.

Alle Geheimdienste dieser Welt sind in der Regel mit
der Ankündigung von Revolutionen und der Vorher-
sage ihres Verlaufs überfordert. Leichter als mit recht-
zeitigen Informationen über bevorstehende Ereignisse
und mit exakten politischen Analysen über die internen Entwicklungen an der Spitze der SED tat sich der
Pullacher Geheimdienst mit der Beschreibung der

Grundstimmung der DDR-Bevölkerung. Sie war in der Endphase der DDR nahezu deckungsgleich mit dem Tenor der zwischen Ende 1986 und Anfang 1990 gesammelten mehr als 400 politischen Witze und Sprüche.

Das Aufkommen dieser Witze ist durch die BND-Zusammenstellungen jeweils zum Karnevalsbeginn und Rosenmontag zeitlich bestimmt. Genau darin liegt ihr historischer Quellenwert, der sie von den zahlreichen Sammlungen undatierter Witz-Aneinanderreihungen unterscheidet. Aus der Perspektive einer unkontrollierten Öffentlichkeit beleuchten die Kalauer zentrale Aspekte von Politik und Alltag in den letzten Jahren der DDR – Jahre, in denen die Lücke zwischen der Erfolgspropaganda des SED-Regimes und der Lebenswirklichkeit der Bevölkerung immer größer wurde und das System mehr und mehr erodierte.

Was wohl eine Bevölkerungsmehrheit vom höchsten Parteiorgan der SED hielt, zeigt ein Witz von 1986 – dem Jahr des XI. SED-Parteitages und des Absturzes der US-Raumfähre »Challenger«. Sarkastisch spotteten die Bürger: »Lieber im Spacelab verbrannt als vom XI. Parteitag verkohlt.« Im Sozialismus, so ein Witz ein Jahr später, setze sich immer mehr das »Jeanshosen-Prinzip« durch – an jeder wichtigen Stelle eine Niete! Erich Honecker, das überalterte Politbüro und die SED insgesamt, die seit Gorbatschows Reformkurs nachlassende Freundschaft der SED-Führung mit dem großen Bruder Sowjetunion, die wundersame (Pleite-)Wirtschaft der DDR mit ihren Versorgungsmängeln (»Was ist DDR-Sex? – Nackte Regale.«), überteuerte Waren in den Delikat- und Exquisit-Läden, die D-Mark als zweite Währung und die nicht überdurchschnittlich mit Intelligenz gesegneten Volkspolizisten – all das waren Zielscheiben des bissigen Humors. Hinzu kamen Witze über aktuelle Ereignisse, die die Menschen besonders bewegten. Nach dem Super-Gau im Atomreaktor Tschernobyl im April 1986 notierten die Pullacher Geheimagenten Sprüche wie »Fällt der Bauer tot vom Traktor, ist in der Nähe ein Reaktor«, »Neue Losung der Sowjets: Wir gehen strahlend einer neuen Zukunft entgegen« oder: »Wie heißt die Partnerstadt von Tschernobyl? Stra(h)lsund«. Während der Atomunfall damals die West-Medien als Top-Thema beherrschte und dort vor verstrahltem Gemüse gewarnt wurde, spielte das DDR-Fernsehen die Katastrophe in der Sowjetunion herunter: »Nach der Tass-Meldung über eine Havarie im Kernkraftwerk Tschernobyl in der Ukraine wurden keine Werte der Radioaktivität gemessen, die eine Gesundheitsgefährdung hervorrufen können.«

Ein beliebtes Witz-Thema in der DDR war ab 1986 ebenso Gorbatschows Anti-Alkohol-Kampagne: »Warum führt Gorbatschow mit all seiner Macht die Kampagne gegen den Alkoholmissbrauch? Weil es bisher so üblich war, dass der Jüngste im Politbüro den Wodka holen musste!« Auch über die spektakuläre Landung von Mathias Rust 1987 auf dem Roten Platz in Moskau machten sich die DDR-Bürger lustig: »Auf dem Roten Platz sollen jetzt alle Kanaldeckel zugeschweißt werden. Man befürchtet, dass der Bruder von Mathias Rust mit einem U-Boot nach Moskau kommt.« Oder: »Das Alkoholverbot soll neuerdings für die Luftabwehr der UdSSR wieder gelockert worden sein. Gorbatschow hat pro Mann täglich zwei Glas Wodka genehmigt – damit die Luftabwehr wenigstens zweimal am Tag nach oben guckt.«

Zahlreiche Witze geißelten 1987 anlässlich der 750-Jahr-Feier von Berlin die Bevorzugung der »Hauptstadt der DDR« gegenüber den DDR-Bezirken: »Wo ist in der DDR die geografisch tiefste Stelle? In Berlin, da fließt alles hin!«

Festgehalten wurden auch Wanderwitze, die entweder unverändert oder leicht angepasst wie Evergreens die Geschichte der DDR begleiten: »Ein Rabe und ein Specht fliegen über die DDR. Sagt der Specht zum Raben: ›Ein schönes Land für uns.‹ Der Rabe: ›Warum?‹ Sagt der Specht: ›Überall der Wurm drin, überall.‹« Oder: »Honecker ist der größte Feldherr aller Zeiten. Er hat zigtausend Menschen in die Flucht geschlagen und Millionen umzingelt!« In den 1950er und 1960er Jahren hieß der Feldherr noch Ulbricht. Schätzungsweise 20 bis 30 Prozent aller vom BND dokumentierten Witze zählen zu dieser Kategorie der Wanderwitze.

Unter den vom BND gesammelten Witzen nehmen die SED und Erich Honecker als Thema in allen Jahren zwischen 1986 und 1990 ebenso wie die Wunderwirtschaft einen Spitzenplatz ein. Witze über die Sowjetunion und über die Volkspolizei rangieren zahlenmäßig dahinter. Im Jahr 1989 verdichtete sich der Spott. Gab es in den Jahren zuvor nur vereinzelte fatalistische Kalauer, machten sie im Jahr des Mauerfalls gut die Hälfte der überlieferten Witze aus. Zum Jahreswechsel 1988/89 – wenige Wochen nach dem Tod des bayerischen Ministerpräsidenten Franz Josef Strauß –

schnappten BND-Agenten den folgenden Spruch auf: »Der größte Wunsch der DDR-Bewohner fürs neue Jahr: Ein baldiges Treffen Erich Honeckers mit Franz Josef Strauß.« Die Lage der DDR-Wirtschaft – hoffnungslos: »Wie unterscheidet sich die DDR-Wirtschaft 1989 von der 1979? 1979 hatten wir eine saumäßige Planwirtschaft, 1989 dagegen eine planmäßige Sauwirtschaft.«

Die Witze wurden ätzender und unversöhnlicher. Noch 1987 machte man sich zwar heftig über die Umstände in der DDR lustig, von Umsturz und Entmachtung klang wie in dem folgenden Beispiel aber nichts an: »Der geplante Besuch Erich Honeckers im Westen musste auf unbestimmte Zeit verschoben werden, da Honecker plötzlich erkrankte. Er brach sich ein Bein beim Sturz in eine Versorgungslücke und verstauchte sich das Handgelenk, als er sich dann auf die Jugend stützen wollte.« Zwei Jahre später lachte man im Arbeiter- und Bauernstaat über Kalauer wie diesen: »Erich Honecker und Günter Mittag stehen auf dem Ostberliner Fernsehturm und wollen runterspringen. Was denken Sie, wer zuerst unten ankommt? Antwort: Das ist egal, Hauptsache sie springen.«

Auch die Witze über die Botschaftsbesetzungen und die massenhafte Ausreisebewegung dokumentieren 1989 die Endzeitstimmung: »Wann weiß man, dass man der letzte DDR-Bewohner ist, der sich noch im Land aufhält? Wenn man das Radio einschaltet und eine Stimme sagt: »Guten Morgen, Herr/Frau …«. Oder der Fernsehsprecher sagt spätabends: »Hiermit beenden wir das Programm, gute Nacht, Herr/Frau …« Als quasi finaler Witz mag der in eine fingierte Umfrage in der DDR gekleidete gelten: »Wollen Sie 1995 noch in der DDR leben? – Wenn ja, wovon?«

Der BND konnte neben all seinen weiteren Quellen die Grundtendenz aus diesen politischen Witzen aufsaugen – und lag mit deren Beschreibung richtig. Die Stimmung in der DDR-Bevölkerung, hieß es etwa in einer Analyse über die »Psychopolitische Lage in der DDR« für den Zeitraum von September 1988 bis zum Mai 1989, sei gekennzeichnet »von einer tiefgehenden, allgemein spürbaren Unzufriedenheit über die innergesellschaftlichen Verhältnisse, die wirtschaftlichen Mangelerscheinungen, die fehlenden persönlichen und beruflichen Perspektiven und vor allem die Frustration über die empfundene Ausweglosigkeit, die vielfach bestärkt wurde durch die Überzeugung, dass das eigene System die wirtschaftlichen, ideellen und freiheitlichen Bedürfnisse auch in Zukunft nicht werde befriedigen können.«[66] Wären alle anderen Quellen des BND in dieser Zeit versiegt, die Auswertung der Witze allein hätte geholfen, die breite Grundstimmung der DDR-Bevölkerung im Jahr 1989 zutreffend zu beschreiben.

IX.

Anders sieht es aus am Tag des Mauerfalls am 9. November 1989. Zu den Geheimnissen des BND zählt bis heute, wie seine Agenten, Abhörspezialisten und Auswerter das Geschehen erlebten und was im Einzelnen sie aufzeichneten und berichteten. Die bislang freigegebenen Akten legen nahe, dass beim BND an diesem Tag eher Routine herrschte. So fabrizierten die DDR-Auswerter am 9. November 1989 unter anderem eine

Information zur sofortigen Vorlage vor allem im Kanzleramt über personelle Veränderungen in der SED-Führung am Vortag, die allerdings schon am Morgen in wesentlichen Zügen auch dem SED-Zentralorgan »Neues Deutschland« zu entnehmen waren.[67] Und es entstand ein Bericht über den schon einige Tage zurückliegenden, nicht mehr ganz brandaktuellen Wechsel an der Spitze des Gewerkschaftsbundes FDGB von Harry Tisch zu Annelis Kimmel.[68]

In der Bundeshauptstadt Bonn stand zudem die Eröffnung der rheinischen Karnevalssaison unmittelbar bevor. Und wie schon in den Vorjahren herrschte in Pullach deshalb Zeitdruck: Es galt, noch an diesem Tag die neuesten politischen Witze aus der DDR für den BND-Präsidenten zusammenzustellen. Bereits am nächsten Tag, dem 10. November, wurden sie zum Versand an das Kanzleramt und den ministeriellen Verteiler freigegeben. Während die Menschen in Berlin und ganz Deutschland den Fall der Mauer feierten, die DDR-Militärs noch zwischen Machtdemonstration und friedlichem Zurückweichen schwankten, Bundeskanzler Kohl und Außenminister Genscher erfolgreich die besorgte sowjetische Führung beruhigten, war der BND der Zeit voraus und stimmte das Bonner Kanzleramt und die Ministerialbürokratie auf den Beginn der neuen Jecken-Saison am 11.11.1989 um 11.11 Uhr ein.

Die Sammlung politischer Witze aus der DDR »entspricht sicher nicht klassischem nachrichtendienstlichen Aufkommen«, hatte BND-Präsident Hans-Georg Wieck dem Bundeskanzler schon 1986 mitgeteilt und das galt uneingeschränkt auch 1989. Gleichwohl, so fuhr er fort, »offenbart der politische Witz in totalitären Systemen mitunter Missstände und Gegenströmungen zur gelenkten öffentlichen Meinung drastischer und unmittelbarer, als ausgefeilte Analysen dies vermögen«. Der BND-Präsident wünschte dem Kanzler abschließend »bei der Lektüre viel Vergnügen«.[69]

So gut die politischen Witze die Endzeitstimmung in der DDR erfassten: Vielleicht hätte sich der Bundeskanzler besonders in der heißen Phase der ostdeutschen Herbstrevolution vom BND zusätzlich etwas mehr hintergründiges »klassisches nachrichtendienstliches Aufkommen« und kohärentere »ausgefeilte Analysen« gewünscht.

Festzuhalten bleibt jedoch, dass die politischen Witze in der DDR die Nacktheit des Kaisers zu einer Zeit offenbarten, als dessen gesamter Hof noch die Schönheit seiner neuen Kleider pries – und fast die gesamte westliche Wissenschaft und Politik die DDR für ein dauerhaft stabiles politisches Staatsgebilde hielten.

In einem politisch gleichgeschalteten Staat ist jeder politische Witz gegen das System gerichtet. Waren die Witze deshalb mehr als nur ein Barometer für die Stimmung der Bevölkerung? Bereiteten sie möglicherweise den Boden vor für die humorvoll-friedfertige Art, aber auch für die Verachtung, mit der die Demonstranten das System hinwegfegten, nachdem sie ihre Angst überwunden hatten? Nach dem friedlichen Ausgang der Leipziger Montagsdemonstration vom 9. Oktober 1989 wurden die SED und ihre Funktionäre in der Öffentlichkeit bloßgestellt und verspottet. Selbst die staatstragenden Abgeordneten lachten schließlich Stasi-Minister Erich Mielke aus, als er in der

Volkskammer am 13. November 1989 in vollem Ernst ausrief: »Wir haben, Genossen, liebe Abgeordnete, einen außerordentlich hohen Kontakt mit allen werktätigen Menschen … Ich liebe doch alle, alle Menschen …«

Die Humorologen sind zerstritten, wenn es um die Antwort auf die Frage nach den Wirkungen des politischen Witzes geht. Gründliche Analysen zu diesem Thema fehlen. Die deutsche Zeitgeschichtsforschung hat sich dem Witz größtenteils verweigert und einen großen Bogen um diese Forschungslücke gemacht. Es sind somit die Leserinnen und Leser gefragt, selbst über den Zusammenhang von Witz und Wende zu befinden.

Wir wünschen bei der Lektüre viel Vergnügen!

Editorische Notiz
Die im Folgenden abgedruckten politischen Witze sind eine Auswahl aus den BND-Sammlungen von Ende 1986 bis Anfang 1990 (siehe: Bundesarchiv, B 206/576, Bl. 1–157). Die Schreibweise der Witze aus den BND-Akten wurde der neuen Rechtschreibung angeglichen.

Weltniveau

Honecker, Reagan und Gorbatschow fliegen mit dem Flugzeug und stürzen ab. Alle überleben. Reagan hat sich den Arm gebrochen, Gorbatschow den Fuß und Honecker muss im Rollstuhl fahren. Sie machen sich auf den Weg und kommen an einen kleinen, nicht sehr tiefen See. Da läuft ein verletzter Fuchs durch, kommt an der anderen Seite heraus und ist gesund. Die drei gehen auch durch den See, Gorbatschow durch, wieder gesund, Reagan durch, der Arm auch wieder in Ordnung. Honecker mit seinem Rollstuhl durch, als er drüben ankommt, hat der Rollstuhl neue Felgen. *(1987)*

Während einer UNO-Tagung treffen sich u. a. Reagan (USA), Gorbatschow (UdSSR) und Egon Krenz (DDR). Sie beschließen, sich 100 Jahre einfrieren zu lassen, um dann zu sehen, was es Neues in ihren Heimatländern gibt. Nach 100 Jahren erwachen alle drei, jeder greift nach seiner gewohnten Tageszeitung. In der *Washington Post* steht, dass die volkseigenen Betriebe in den USA neue Wettbewerbsinitiativen eingeleitet haben. Reagan liest dies, erschrickt und fällt tot um.

Gorbatschow nimmt die *Prawda,* schaut rein und kann kein Wort mehr lesen, alles in chinesischer Schrift. Gorbatschow fällt um und ist tot.

Krenz nimmt das *Neue Deutschland,* liest und lacht und lacht und fällt tot um.

Im *ND* steht: Wir gratulieren dem Genossen Honecker zum 175. Geburtstag. *(1987)*

Der liebe Gott ruft die maßgeblichen Politiker zu sich: Gorbatschow, Reagan und (natürlich) Honecker. Er teilt ihnen seine Unzufriedenheit mit den Erdenverhältnissen mit, er werde deshalb die Erde vernichten. Alle drei sollten diese beiden Botschaften ihren Landsleuten überbringen.

Gorbatschow tritt vor das ZK: »Liebe Genossen, ich habe zwei schlechte Nachrichten für Euch: 1. Den lieben Gott gibt's wirklich und 2. *Glasnost* und *Perestroika* können nicht verwirklicht werden, weil die Erde verschwindet.«

Reagan vor dem Kongress: »Ladies und Gentlemen, ich habe eine gute und eine schlechte Nachricht für Sie: Gut ist, den lieben Gott gibt's wirklich. Schlecht ist, SDI* wird's nicht geben, weil die Erde verschwindet.«

Honecker vor dem ZK: »Liebe Genossen, ich habe zwei gute Nachrichten: 1. Der liebe Gott hat die DDR anerkannt, 2. *Perestroika* wird es in der DDR nie geben.« *(1988)*

Reagan, Gorbatschow und Honecker stehen vor dem lieben Gott. Reagan will wissen, wann er Rassenprobleme wie in Südafrika haben wird. »In fünf Jahren«, sagt der liebe Gott. Reagan erfreut: »Das fällt dann nicht mehr in meine Amtszeit!«

---

* Die Strategic Defense Initiative, von US-Präsident Ronald Reagan am 23. März 1983 verkündet, war eine Initiative zum Aufbau eines land-, see-, luft- und weltraumgestützten Abwehrschirms gegen Interkontinentalraketen.

Gorbatschow will wissen, wann die Sowjetunion genügend Weizen produzieren wird, dass sie keinen mehr importieren muss. Der liebe Gott: »In 30 Jahren!« Gorbatschow: »Das fällt dann leider nicht mehr in meine Amtszeit!«

Honecker will wissen, wann die DDR den Technologievorsprung der westlichen Welt eingeholt hat. Da muss der liebe Gott passen und sagt: »Das fällt nicht mehr in meine Amtszeit!« *(1988)*

Reagan, Gorbatschow und Honecker sind gestorben und stehen nun vor dem lieben Gott. Gott zu Reagan: »Weißt du, wer ich bin?« – »Ja, du bist der liebe Gott, du hast mich zum Präsidenten der Vereinigten Staaten gemacht, ich danke dir dafür.«

Darauf Gott: »Nimm zu meiner Rechten Platz!«

Gott wendet sich an Gorbatschow: »Weißt du, wer ich bin?« – »Ja, du hast mich zum Generalsekretär der KPdSU gemacht, ich bin dir dafür dankbar.« – »Nimm zu meiner Linken Platz!«

Zu Honecker gewandt: »Und du, weißt du, wer ich bin?« Honecker schüttelt den Kopf: »Nein, ich kenne dich nicht, aber du sitzt auf meinem Thron!« *(1988)*

Gorbatschow, Reagan und Honecker reiten durch die Wüste. Da erscheinen fünf Beduinen, die sie verfolgen und ihnen offensichtlich nach dem Leben trachten. Sie kommen näher und näher. In seiner Verzweiflung hält Gorbatschow an, schreibt etwas auf einen Zettel und wirft die Nachricht in den

Wüstensand. Die Beduinen lesen die Nachricht und nehmen die Verfolgung wieder auf.

Da hält auch Reagan an, schreibt eine Nachricht auf einen Zettel und wirft sie in den Sand. Die Beduinen lesen die Nachricht und nehmen die Verfolgung noch wütender wieder auf.

Schließlich bleibt Honecker stehen, schreibt etwas auf einen Zettel und wirft ihn weg. Die Beduinen verschwinden so schnell sie können.

Erleichtert wollen die beiden Gefährten von Honecker wissen, was er denn auf den Zettel geschrieben habe. Dieser gibt zur Antwort: »Wenn ihr so weiter reitet, seid ihr in 10 Minuten in der DDR.« *(1989)*

Von der Sowjetunion lernen ...

Gorbatschow und Honecker treffen sich zu einem Gespräch.

Nach einer Weile fragt Honecker: »Sag mal, wie viele Staatsfeinde gibt es deiner Einschätzung nach in deinem Land?«

Gorbatschow überlegt kurz und antwortet: »Auf keinen Fall mehr als 17 Millionen.«

Honecker atmet auf und sagt: »Bei mir sind es auch nicht mehr.« *(1986)*

Warum führt Gorbatschow mit all seiner Macht die Kampagne gegen den Alkoholmissbrauch?

Weil es bisher so üblich war, dass der Jüngste im Politbüro den Wodka holen musste! *(1986)*

Eine neue Bauernregel: »Fällt der Bauer tot vom Traktor, ist in der Nähe ein Reaktor!« *(1986)*

Wie heißt die Partnerstadt von Tschernobyl?

Stra(h)lsund! *(1986)*

Neue Losung der Sowjets:

»Wir gehen strahlend einer neuen Zukunft entgegen!« *(1986)*

Bei der Friedensfahrt wurde ein neues Trikot einge-führt: Ein schwarzes, für den radioaktivsten Fahrer! *(1986)*

In der DDR ist eine neue Zahnpasta auf den Markt gekommen:

»Tschernomed«, für strahlend weiße Zähne!
(1986)

Gorbatschow erläutert während einer Sitzung den Mitgliedern des Politbüros seine Anti-Alkohol-Kampagne. Zur Untermauerung seiner Thesen zeigt er zwei Wassergläser vor – das eine mit Leitungswasser, das andere mit Wodka gefüllt. In beide Gläser wirft er einen lebenden Regenwurm. Der Wurm im Wodkaglas treibt schon nach wenigen Minuten tot an der Oberfläche, während der andere Regenwurm weiterhin im Wasser schwimmt.

Gorbatschow erhebt seine Stimme und spricht in die Runde: »Hier, Genossen, habt Ihr den Beweis, wie schädlich das Wodkatrinken ist!«

Daraufhin meldet sich Gromyko* zu Wort und erwidert: »Das Einzige, was ich aus deinem Experiment ersehen kann, Genosse, ist, dass man nur genug Wodka trinken muss, um garantiert keine Würmer zu bekommen!« *(1987)*

---

* Andrej A. Gromyko (1909–1989) war von 1957 bis 1985 sowjetischer Außenminister und von 1985 bis 1988 Vorsitzender des Präsidiums des Obersten Sowjets der UdSSR und damit Staatsoberhaupt.

Im Palast der Republik herrscht große Rattenplage. Die Regierung verspricht, wer es schaffe, die Ratten zu vertreiben, habe einen Wunsch frei. Viele Versuche bleiben erfolglos, bis es eines Tages einem Bürger mit einer aufziehbaren Ratte gelingt, die Ratten aus dem Palast zu vertreiben. Es herrscht große Freude. Der Mann, nach seinem Wunsch gefragt, antwortet: »Gebt mir jetzt einen kleinen aufziehbaren Russen!« *(1987)*

Gorbatschow fliegt mit einem Gast über Moskau. Der Gast schaut hinunter und sagt: »Schauen Sie, die vielen Menschen dort unten mit ihren Ferngläsern. Darauf Gorbatschow grimmig: »Das sind keine Ferngläser, das sind Wodkaflaschen.« *(1987)*

In der Sowjetunion wird eine neue Eisenbahnlinie quer durch Sibirien gebaut. Eine Arbeitskolonne baut von Ost nach West, eine andere baut in entgegengesetzter Richtung.

Frage: Wie ist sichergestellt, dass sich beide Arbeitskolonnen unterwegs auch treffen?

Antwort: Diese Frage stellt sich nicht! Treffen sich die beiden Kolonnen, ist Geld gespart, aber die Bahn nur eingleisig. Treffen sie sich nicht, wird die Bahn zweigleisig. *(1987)*

Gorbatschow kommt in Schönefeld mit dem Flugzeug zum Staatsbesuch an. Als er das Flugzeug verlässt, grüßt er die zum Empfang erschienenen Genossen und besonders Erich Honecker. Er hebt dabei die rechte Hand, wobei sich Zeigefinger und Daumen fast berühren. Honecker erwidert vom Rollfeld den Gruß, die gehobene rechte Hand zeigt drei gespreizte Finger. Bei der anschließenden Umarmung beider Staatsmänner erklärt Gorbatschow Honecker seine Fingergeste damit, wie klein er den Erich machen bzw. halten werde. Daraufhin erklärt Honecker Gorbatschow seine drei gespreizten Finger: »Ich habe schon drei Kremlchefs überlebt.« *(1987)*

Auf dem Roten Platz sollen jetzt alle Kanaldeckel zugeschweißt werden. Man befürchtet, dass der Bruder von Mathias Rust* mit einem U-Boot nach Moskau kommt. *(1987)*

Das Alkoholverbot soll neuerdings für die Luftabwehr der UdSSR wieder gelockert worden sein. Gorbatschow hat pro Mann täglich zwei Glas Wodka genehmigt – damit die Luftabwehr wenigstens zweimal am Tag nach oben guckt. *(1987)*

---

* Mathias Rust (Jg. 1968) landete am 28. Mai 1987 mit einem Flugzeug vom Typ Cessna 172 P in Moskau unweit des Roten Platzes ohne von der sowjetischen Luftabwehr behelligt zu werden. Im Ergebnis wurden der sowjetische Verteidigungsminister Sergej L. Sokolow und der Chef der sowjetischen Luftverteidigung Alexander I. Koldunow entlassen.

Was ist der Unterschied zwischen der amerikanischen und der russischen Aids-Krankheit? Das amerikanische Aids ist unheilbar, das russische Aids ist unbesiegbar! *(1987)*

Honecker und Gorbatschow unterhalten sich in Moskau über die ideologische Zuverlässigkeit ihrer Bevölkerung. Da macht Gorbatschow den Vorschlag, einmal den einfachen Mann auf der Straße zu fragen. Honecker stimmt zu, und schon bald ist ein geeigneter junger Sowjetbürger für einige Fragen gefunden. Gorbatschow fragt: »Wer ist deine Mutter?« – Antwort: »Die Sowjetunion.« – »Wer ist dein Vater?« – »Gorbatschow!« – »Was willst du einmal werden?« – »Parteimitglied!«

Gorbatschow und auch Honecker sind mit den Antworten zufrieden, man reist in die DDR, um dort zu befragen.

Honecker fragt einen DDR-Bürger: »Wer ist deine Mutter?« – »Die DDR!« – »Wer ist dein Vater?« – »Honecker!« – »Was willst du einmal werden?« – »Vollwaise!« *(1988)*

Warum geht Erich Honecker seit geraumer Zeit nicht mehr in Urlaub?

Gorbatschow ist sein Urlaubsvertreter! *(1988)*

Erich Honecker besucht Rostock, drei Schiffe sind bereit zum Auslaufen. Er fragt den Kapitän des ersten

Schiffes: »Wohin geht die Fahrt?« – »Nach Kuba!« –
»Was habt ihr geladen?« – »Schwermaschinen!« –
»Mit was kommt ihr zurück?« – »Mit Apfelsinen!«

Der Kapitän des zweiten Schiffes nennt Brasilien als
Ziel. »Was habt ihr geladen?« – »Optische Geräte!« –
»Womit kommt ihr wieder?« – »Mit Kaffee, Bananen
und was es sonst dort noch gibt.«

»Genosse vom dritten Schiff, wohin geht die
Reise?« – »Nach Leningrad, Genosse Generalsekretär!« – »Was hast du geladen?« – »Apfelsinen, Kaffee,
Bananen und andere Südfrüchte.« – »Und womit
kommt ihr wieder?« – »Wie immer, mit dem Zug natürlich!« *(1988)*

DSF: Deutsch-Sowjetische Freundschaft oder
Der Sputnik* Fehlt. *(1989)*

Unterschied zwischen Lenin und Gorbatschow?
Lenin hat aus Arbeitern Kommunisten gemacht,
Gorbatschow muss aus Kommunisten Arbeiter
machen. *(1989)*

---

* Die sowjetische Zeitschrift *Sputnik* erschien in deutscher Überset-
zung auch in der DDR. Im Herbst 1988 wurde darin über den bis
dahin tabuisierten Hitler-Stalin-Pakt, also den deutsch-sowjetischen
Nichtangriffspakt vom 24. August 1939 mit dem geheimen Zusatz-
protokoll zur Aufteilung Osteuropas, berichtet. Daraufhin verbot die
DDR-Regierung am 18. November 1988 die weitere Auslieferung der
Zeitschrift.

Honecker, die SED und der realexistierende Sozialismus

Honecker sieht bei einem Rundgang durch seine Hauptstadt eine große Menschenschlange vor einem Gebäude. Wie es die Art fast aller DDR-Bürger ist, reiht er sich in die Schlange ein, ohne zu wissen, was angeboten bzw. weswegen angestanden wird. Kurz darauf löst sich die Schlange schlagartig auf. Honecker bleibt als Letzter noch eine Weile stehen und fragt dann seinen gerade gehenden Vordermann:

»Kannst du mir sagen, Genosse, weshalb wir hier Schlange gestanden haben?«

»Klar«, ist die Antwort, »die Leute standen hier, um ihre Ausreiseanträge abzugeben.«

Honecker: »So, so … und weshalb gehen die jetzt alle so plötzlich?«

Antwort: »Na, wenn du einen Ausreiseantrag stellst, können wir ja alle hierbleiben!« *(1986)*

Eine Delegation des SED-Politbüros stattet dem Vatikan einen offiziellen Besuch ab. Honecker wird zu einer Einzelaudienz zum Papst gerufen.

Nach längerer Zeit kehrt er zu seinen bereits ungeduldig gewordenen Genossen zurück. Sie bestürmen ihn mit Fragen, daraufhin sagt Honecker. »Ich bin der Katholischen Kirche beigetreten und erkenne an, dass Gott die Welt erschaffen hat.«

Die Genossen fragen ihn, ob er verrückt geworden sei.

Honecker bleibt jedoch gelassen und antwortet: »Dafür hat der Papst anerkannt, dass Gott die Welt unter Anerkennung der führenden Rolle der SED erschaffen hat.« *(1986)*

Klage aus der DDR-Bevölkerung:

»Alles wird an Mäusen ausprobiert, aber den Sozialismus probieren sie an uns aus!« *(1986)*

Was ist der Unterschied zwischen einem Parteitag der SED und einem Langholzwagen?

Bei einem Langholzwagen sind die dicken Enden immer vorn und die rote Fahne hinten.

Bei Parteitagen ist die rote Fahne vorn, die dicken Enden kommen immer hinten nach. *(1986)*

Lieber im Spacelab verbrannt als vom XI. Parteitag verkohlt!* *(1986)*

Der Parteitag wurde kurzfristig von Berlin in den Harz verlegt: In die Gegend zwischen Sorge und Elend! *(1986)*

Der Lehrer stellt den Kindern die Aufgabe, einen Satz aufzuschreiben, in dem die Worte »Parteitag« und »Frieden« vorkommen.

Fritzchen schreibt auf: »Lasst mich endlich mit dem Parteitag in Frieden!« *(1986)*

---

* Am 28. Januar 1986 explodierte die US-Raumfähre »Challenger« kurz nach dem Start, wobei die sieben Besatzungsmitglieder ums Leben kamen.

Die FDJ ändert ihr Emblem: Die aufgehende Sonne wird entfernt, dafür kommt eine Katze rein.

Dieses Zeichen entspricht mehr der Mentalität der Jugendlichen in der DDR: Die kommen morgens zur Arbeit, legen die Beine auf den Tisch und sagen: »Na, wo sind denn nun die Mäuse?« *(1986)*

Die älteren DDR-Bewohner bekommen demnächst neue, größere Personalausweise, da sonst die Passbilder mit den langen Gesichtern nicht mehr reinpassen. *(1986)*

Erich Honecker war kürzlich beim lieben Gott. Der formte aus Ton gerade Menschen, gab ihnen einen Klaps auf den Hinterkopf und schon liefen sie los. Erich probierte das auch gleich, formte also seinen ersten Menschen, gab ihm den Klaps und das Männlein zerfiel. Er ließ sich nicht entmutigen, probierte es immer wieder, doch ohne Erfolg. Er fragte den lieben Gott, ob er etwas falsch mache. »Natürlich«, sagte der liebe Gott, »ich forme Menschen, du aber Kommunisten, und denen musst du kräftig in den Arsch treten, bevor sie laufen.« *(1987)*

Frage an den Sender Jerewan*: »Kann man in Schweden auch den Sozialismus aufbauen?«

Antwort: »Im Prinzip ja, aber warum soll man dieses schöne Land so verwüsten?« *(1987)*

Das Volk interpretiert die DDR-Fahne so: »An einem schwarzen Freitag kamen die Roten, sie versprachen uns goldene Ähren, und heute müssen wir verdammt gut zirkeln, damit wir nicht unter den Hammer kommen.« *(1987)*

Während einer Prüfung in Anatomie muss ein Medizinstudent drei Skelettteile bestimmen. Er erkennt das erste, es gehört zu einer Katze, das zweite stammt von einem Hund, aber das dritte kann er nicht identifizieren. Einer der Professoren will ihm etwas zu Hilfe kommen und fragt: »Über welches Thema haben wir all die Semester gesprochen?« Der Student: »Ach, dann muss es entweder von Marx oder von Lenin sein!« *(1987)*

Honecker kommt in den Himmel. Petrus weist ihm gleich ein Zimmer zu. Nach kurzer Zeit kommt Honecker ganz aufgeregt zu Petrus zurück und ruft:

---

* Mit Radio Jerewan bzw. Eriwan (Hauptstadt der Sowjetrepublik Armenien) wird eine Sorte von Witzen bezeichnet, die in der Regel mit »Im Prinzip ja, aber ...« beantwortet werden und die sozialistische Propaganda karikierten. Sie kursierten in nahezu allen Ostblock-Staaten.

»Ich kann nicht in mein Zimmer, im Gang steht einer, der schwingt eine Axt und ruft unablässig: ›Ich bring dich um!‹«

Darauf sagt Petrus: »Du brauchst deswegen keine Angst zu haben, das ist Karl Marx, der wartet auf Gorbatschow.« *(1987)*

Nach Walter Ulbrichts Tod wurden Erich Honecker aus dem Ulbricht-Nachlass drei Briefe übergeben, die Honecker in Krisenzeiten nacheinander öffnen solle. Als sich die Stimmung in der DDR-Bevölkerung verschlechterte und große Unzufriedenheit herrschte, öffnete Honecker den ersten Brief. Darin steht: »Eröffne Intershop-Läden!«

Er tut das auch, die Menschen sind begeistert und wieder zufrieden. Schon bald ist wieder Missstimmung im Lande spürbar. Honecker öffnet den zweiten Brief.

Darin steht: »Eröffne Exquisit-Läden!«

Die Stimmung bessert sich wieder, hält aber auch nicht lange an. Er öffnet also den dritten Brief.

Darin steht: »Wähle Deinen Nachfolger!« *(1987)*

Was haben Erich Honecker und ein Telefon gemeinsam?

Aufhängen und neu wählen! *(1987)*

Unterschied zwischen Hitler und Honecker?

Der eine war scharf auf die Ostmark, der andere ist scharf auf Westmark! *(1987)*

Stalin, Lenin und Honecker fahren in der transsibirischen Eisenbahn. Plötzlich hält der Zug, weil die Schienen fehlen. Was machen die drei?

Stalin lässt alle Passagiere aussteigen und erschießen!

Lenin holt Leute heran und lässt die Strecke reparieren!

Honecker weist alle Parteigenossen an, die Fenster zu verdunkeln und die Wagen hin- und herzuschütteln, damit alle denken, es geht weiter vorwärts.

(1987)

Bei einer Wehrübung für Reserveoffiziere der NVA stellt der Bataillonskommandeur bei einem Planspiel folgende Aufgabe an die Offiziere: »Sie stehen mit Ihrer Kompanie vor einem Fluss, den Sie unbedingt überqueren müssen. Ein Wolkenbruch geht nieder, der Fluss steigt und Pioniere sind nicht verfügbar. Was unternehmen Sie?«

Meldet sich der erste: »Ich suche die besten Schwimmer aus, diese schwimmen mit mir mit einem Seil über den Fluss, an welchem sich der Rest hinüberhangeln kann!«

Frage des Bataillonskommandeurs: »Was sind Sie von Beruf?«

Antwort: »Bademeister«.

Der zweite sagt: »Ich lasse die Leute Bäume fällen, damit bauen wir eine Behelfsbrücke.« Auf die Frage nach dem Beruf antwortet er: »Baumeister«.

Meldet sich der dritte: »Ich rufe ganz einfach die Zugführer zu mir und befehle ihnen, mit der Kompanie schnellstmöglich über den Fluss zu setzen. Wie die das dann machen, ist mir schnurzegal, das ist schließlich deren Sache.«

Auf die Frage nach dem Beruf antwortet der dritte: »Ich bin der Parteisekretär beim Rat des Kreises.« *(1987)*

Kennen Sie den? Erich Honecker geht mit einem Strick in den Wald. Nein? Ich auch nicht.

Aber er fängt schon mal gut an! *(1987)*

Der Papst lässt einen amerikanischen Astronauten zu sich kommen: »Du warst doch jetzt ganz oben, hast du vielleicht den lieben Gott gesehen?« – »Nein, hab' ich nicht«, sagt der Astronaut. Der Papst: »Oh, das wirft ja unsere Anschauung völlig um. Das behalten wir mal lieber für uns, das erzählen wir niemandem.«

Gorbatschow lässt sich seinen Kosmonauten kommen: »Du, Genosse, warst doch ganz oben, hast du vielleicht den lieben Gott gesehen?« – »Ja, hab' ich gesehen.« Gorbatschow: »Oh, verdammt, das wirft ja unsere ganze Ideologie um. Das bleibt unter uns, hörst du, da sagen wir nichts.«

Honecker lässt sich Sigmund Jähn kommen: »Genosse, du warst ganz oben, hast du vielleicht den lieben Gott gesehen?« Jähn: »Ja, den habe ich gesehen!« Honecker: »Nu' sag mal ehrlich, seh' ich ihm nicht ein bisschen ähnlich?!« *(1987)*

Am Karfreitag geht ein Katholik in die Kirche und küsst, wie es üblich ist, dem gekreuzigten Christus die Füße. Dies sieht ein SED-Funktionär und fragt, ob er denn Erich Honecker auch die Füße küssen würde? Der Katholik antwortet: »Sehr gerne, wenn er einmal hier hängt.« *(1987)*

Der geplante Besuch Erich Honeckers im Westen musste auf unbestimmte Zeit verschoben werden, da Honecker plötzlich erkrankte. Er brach sich ein Bein beim Sturz in eine Versorgungslücke und verstauchte sich das Handgelenk, als er sich dann auf die Jugend stützen wollte. *(1987)*

Erich Honecker kommt von seinem Besuch in der Bundesrepublik Deutschland nach Ost-Berlin zurück. Seine Politbüro-Kollegen bedrängen ihn, seine Eindrücke zu schildern: »Nun sag' schon, Erich, wie ist es so drüben?« Honecker nach einigem Zögern: »Im Grunde genauso wie bei uns, für Westgeld kriegt man alles.« *(1987)*

Im tiefsten Thüringer Wald lebt ein uralter Mann. Er ist der Erfinder der zahllosen Honecker-Witze. Honecker erfährt das und steht eines Tages vor dem Alten. »Du bist also derjenige, der diese unverschämten Sachen über mich erfindet!« – »Ja, der bin ich.« – »Was denkst du dir eigentlich? Hinter mir stehen schließlich fast 17 Millionen!« – »Der ist aber nicht von mir!« *(1987)*

Hermann Axen* wird aufgrund seines äußeren Erscheinungsbildes in Teilen der Bevölkerung auch als »Schweinchen Schlau« betitelt. Axen besuchte eine LPG-Schweinezucht. Dabei wurde er von einem Reporter inmitten der Schweine fotografiert. In der Redaktion wird nun darüber diskutiert, welchen Untertitel man dem Bild geben soll.

Erster Vorschlag: »Axen unter den Schweinen« – Der Vorschlag wurde abgelehnt.

Zweiter Vorschlag: »Axen unter den Seinen« – Der Vorschlag wurde ebenfalls abgelehnt.

Man einigte sich auf: »Axen, dritter von links.« *(1987)*

Honecker hatte bei seinem Besuch in der Bundesrepublik drei Hosen in seinem Koffer. Eine Karnevalshose für Köln, eine Sepplhose für München und für Bonn eine Pumphose. *(1987)*

Die Schrift in den Zeitungen soll auch geändert werden, nicht wie üblich von links nach rechts zu lesen, sondern von oben nach unten. Warum?

Damit die Bevölkerung auch einmal bejahend mit dem Kopf nicken kann! *(1987)*

---

* Hermann Axen (1916–1992) war als Mitglied des SED-Politbüros und Sekretär des Zentralkomitees für die Internationalen Beziehungen (Außenpolitik) verantwortlich.

Wie bringt man zwei SED-Funktionäre in eine Müll-
tonne?

Man werfe vor ihren Augen 20 Westmark hinein!
(1987)

Was ist der Unterschied zwischen einem DDR-Bürger
und einem Ei?

Ein Ei kann man nur einmal in die Pfanne hauen!
(1987)

Wie wurde das große Erbe von Karl Marx
aufgeteilt?

Die DDR bekam das »Manifest«, die Bundesrepublik das »Kapital«. *(1988)*

Frage an Radio Jerewan: »Ist es möglich, mit einer
Atombombe die DDR zu vernichten?«

Antwort: »Im Prinzip ja, aber warum solche
Umstände? 20 cm Neuschnee tun es doch auch!«
(1988)

Frage an Radio Jerewan: »Ist es wahr, dass die DDR
mit Volldampf in den Sozialismus fährt?«

Antwort: »Im Prinzip ja, leider werden 95 % des
erzeugten Dampfes zum Tuten verbraucht.« *(1988)*

Als Honecker das Flugzeug bestieg, das ihn in die Bundesrepublik Deutschland brachte, war ein FDJ-Chor angetreten. Dieser sang das Lied: »Es geht eine Träne auf Reisen.« *(1988)*

Worin besteht der Unterschied zwischen den Grand-Hotels von früher und denen von heute?

Früher saß die »herrschende Klasse« drin, heute sitzt sie draußen! *(1988)*

Im Sozialismus setzt sich immer mehr das »Jeanshosen-Prinzip« durch – an jeder wichtigen Stelle eine Niete! *(1988)*

Drei Jungs spielen miteinander. Sagt der eine: »Was ist dein Vater?«

»Ja, mein Vater ist bei IFA*. Der taucht immer die linken Kotflügel.«

Fragt dann den anderen: »Was ist denn dein Vater?«

»Ja, mein Vater arbeitet auch bei IFA. Der taucht immer die rechten Kotflügel.«

Jetzt fragt er den dritten: »Und was macht dein Vater?«

»Mein Vater ist dort Parteisekretär, der taugt gar nichts.« *(1988)*

---

* Der Industrieverband Fahrzeugbau (IFA) war ein Zusammenschluss mehrerer Kombinate in der DDR und umfasste die Lkw-, Pkw- und Motorradproduktion des Landes.

Während eines politischen Seminars in Ost-Berlin fragt ein Teilnehmer den Dozenten: »Wann siegt denn nun endlich der Sozialismus?«

Antwort des Dozenten: »Diese Frage wird mir häufig gestellt. Ich nenne grundsätzlich die Jahreszahl 2097. Und zwar aus folgendem Grund: Ich lebe dann sicher nicht mehr und alle anderen, denen ich einmal etwas von Segnungen des Sozialismus erzählt habe, leben dann auch nicht mehr.« *(1988)*

Unterschied zwischen dufte und Käse?

Dufte ist es, dass der Sozialismus aufgebaut wird.

Käse ist es, dass es gerade wir sind, die das machen müssen. *(1988)*

Erich Honecker hat sich scheiden lassen.

Der Grund: Gorbatschow küsst besser als Margot.

Margot Honecker hat sich scheiden lassen.

Ihr Grund: Sie glaubt nicht, dass Erichs Knutschflecken alle von »Gorbi« sind. *(1988)*

Neuer Modetanz in der DDR!

Honiwalzer = Ein Schritt vor, zwei zurück, den nach vorne aber nur leicht andeuten. *(1988)*

Warum fährt Erich Honecker nur ungern mit der Eisenbahn?

Weil der Schaffner immer ruft: »Bitte zurücktreten!« *(1988)*

Zwei DDR-Bewohner unterhalten sich: »Du«, sagt der eine plötzlich, »wenn Erich Honecker abhaut, dann verschwinden auch die drei schwarzen Kisten vom Alex.« – »Welche drei schwarzen Kisten?«, fragt der andere. »Das ist wieder typisch, kein Mensch fragt, warum Honecker abhaut, jeder fragt nach den blöden Kisten!« *(1988)*

Privat geht vor Katastrophe! *(1988)*

Hier geht alles seinen sozialistischen Gang, drunter und drüber, und wir machen mit! *(1988)*

Erich Honecker ist in Rente und hat sich aufs Land zurückgezogen. Am ersten Tag schickt er seine Frau Margot zum Einkaufen. Nach vier Stunden kommt sie zurück mit ein paar kümmerlichen Kartoffeln. »Warum hat das so lange gedauert?«, will Honecker wissen. »Weil ich erstens so lange anstehen musste und zweitens kaum noch etwas vorrätig war«, antwortet seine Frau. »Da siehst du's«, sagt Honecker, »kaum ist man nicht mehr im Amt, schon gibt es nichts mehr zu kaufen.« *(1989)*

Ein polnischer Hund, ein DDR-Hund und ein Hund aus der Bundesrepublik treffen sich und erzählen aus ihrem Leben. Der polnische Hund sagt: »Uns geht es ganz schlecht, wir haben nichts zu fressen.« Der DDR-Hund sagt: »Das mit dem Fressen funktioniert einigermaßen, aber viel zu melden habe ich nicht.«

Der westdeutsche Hund sagt: »Wenn ich belle, kriege ich Fleisch.« Darauf der polnische Hund verwundert: »Was, Fleisch?«

Und der DDR-Hund erschrocken: »Was, bellen?« *(1989)*

Unterschied zwischen Sozialismus und Kapitalismus? Im Kapitalismus gibt es soziale Probleme, im Sozialismus kapitale Probleme. *(1989)*

In der DDR hat es dieses Jahr noch nicht geschneit. Weshalb? Frau Holle ist in die SED eingetreten – früher hat sie noch geschüttelt, heute nickt sie nur noch. *(1989)*

Parteitag bei den Tieren im Walde, sie beschließen eine Säuberungsaktion: Rausgeschmissen wird erst mal der Elefant wegen seiner Dickfelligkeit, dann die Giraffe wegen ihrer Hochnäsigkeit, der Hahn wegen seiner Vielweiberei und der Esel wegen seiner Dummheit.

Nach einem Jahr stellt man fest: Also, ohne die geht es doch nicht. Die müssen wieder rein in die Partei. Begründung ist: Der Elefant wegen seiner Standfestigkeit, die Giraffe wegen ihres guten Überblicks, der Hahn wegen des Kontaktes zur Masse und der Esel, damit sie einen haben, den sie zur Parteischule schicken können. *(1989)*

Was ist das: Es hat 80 Zähne und 4 Beine?
Ein Krokodil!
Und was ist das: Es hat 8 Zähne und 52 Beine?
Das SED-Politbüro! *(1989)*

Erich Honecker kehrt von einer Fernostreise zurück und gibt dem SED-Zentralkomitee einen ersten Erfahrungsbericht: »Genossen! In der Demokratischen Volksrepublik Korea hat mich am meisten beeindruckt, dass dort das Staatsoberhaupt eine noch größere Verehrung genießt als bei uns. In der Volksrepublik China konnte ich feststellen, dass wir nicht als Erste eine Mauer gebaut haben, bereits im Altertum waren die Chinesen Meister des Mauerbaus. In der Mongolischen Volksrepublik fand ich schließlich eindrucksvoll bestätigt, dass man außerhalb der Hauptstadt auch in Zelten schlafen kann. Aus diesen Eindrücken sollten wir unsere Lehren ziehen.« *(1989)*

In der DDR wurde ein Gesetzentwurf, wonach Rentner nicht mehr arbeiten dürfen, von Partei und Regierung einstimmig abgelehnt.
Warum? Weil sonst die DDR ohne Führung wäre! *(1989)*

Gebet der DDR-Bewohner:
Komm lieber Erich, sei unser Gast,
und gib uns die Hälfte, von dem, was du hast.
Wir feiern die Feste ganz einfach und schlicht,
am Morgen ohne Kohlen und am Abend ohne Licht.
Die Kohle hat der Pole, der Russe das Licht.
Wir haben die Freundschaft, mehr brauchen wir nicht.
    Auf den Straßen große Löcher, in den Läden
leere Fächer,
    zu Ostern keine Geschenke, zu Pfingsten keine
Getränke,
    zu Weihnachten keinen Boom, zu Silvester keinen
Strom.
    In der HO keine Bekannten, im Konsum keine
Verwandten,
    aus dem Westen kein Paket,
    und da fragst du, Erich, wie's uns geht? *(1989)*

Losungen zum 1. Mai 1989
– Staatssicherheit: »Kommen Sie zu uns, bevor wir
  zu Ihnen kommen!«
– Gesundheitswesen: »Bleiben Sie schön gesund,
  denn helfen können wir Ihnen doch nicht!«
– Reichsbahn: »Bei uns läuft alles – bald laufen auch
  Sie!«
– Kommunale Wohnungsverwaltung:
  »Unser Haus – Ihr Problem!«
– Volkspolizei: »Treten Sie bei uns ein, am besten
  schon im Vorschulalter!«
– Bauwirtschaft: »Ruinen schaffen ohne Waffen!«
  (1989)

Der Lehrer fragt seine Schüler, ob sie eine Vorstellung davon hätten, wo Honecker einmal begraben werden könnte. Fritzchen meldet sich und sagt: »Eigentlich ist es mir ganz egal, wo Honecker begraben wird, es sollte nur nicht in Jerusalem sein.« Der Lehrer: »Warum denn gerade dort nicht?« Fritzchen: »Ich hab' gehört, da ist schon einmal einer vom Tode auferstanden.« *(1989)*

Was ist besser, Sozialismus oder Sex?
Sozialismus, da kann man länger stöhnen! *(1989)*

Das Ehrenbanner der SED soll zum 40. Jahrestag der DDR geändert werden: Die Embleme Hammer und Zirkel werden durch Koffer und Rucksack ersetzt. *(1989)*

Der Lehrer fragt: »Wie groß ist der Sozialismus?« Schüler: »1,65 m!« – »Wie kommst du darauf?« – »Mein Vater ist 1,75 m und dem geht der Sozialismus bis zur Oberkante der Unterlippe.« *(1989)*

In der SED erging folgende Weisung:
Wer ein Mitglied wirbt, wird für ein Jahr vom Parteibeitrag befreit.
Wer zwei Mitglieder wirbt, darf aus der Partei austreten.
Wer drei Mitglieder wirbt, dem wird zusätzlich bestätigt, dass er nie in der Partei gewesen ist. *(1989)*

1912 gab es drei große Katastrophen:
- Untergang der Titanic
- großer Vulkanausbruch
- Erich Honecker wurde geboren *(1990)*

Fünf Grundsätze des Sozialismus:
1. Denke nicht!
2. Wenn du denkst, sprich nicht!
3. Wenn du denkst und sprichst, schreibe nicht!
4. Wenn du denkst, sprichst und schreibst, unter-
   schreibe nicht!
5. Wenn du denkst, sprichst, schreibst und unter-
   schreibst, wundere dich nicht! *(1990)*

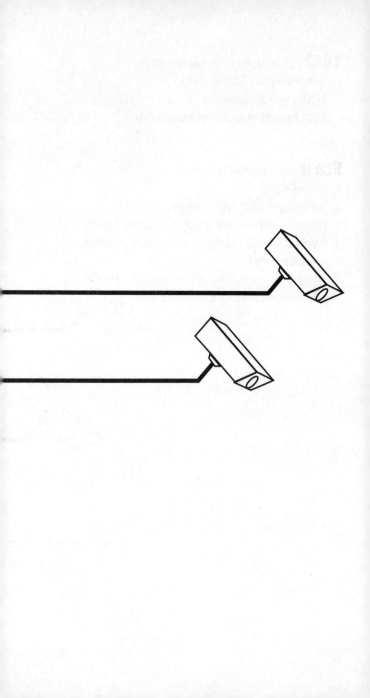

Stasi

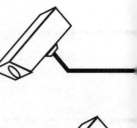

In Italien wurde von Archäologen ein Totenschädel gefunden. Man hat Schwierigkeiten mit der Altersbestimmung. Die Italiener schätzen ihn auf etwa 40 000 Jahre. Wissenschaftler in den USA auf circa 20 000 Jahre. Man gibt den Schädel auch in die DDR, die nach kurzer Zeit das Alter mit 31 486 Jahren angibt. Auf Fragen der Fachwelt, wie eine so genaue Altersbestimmung möglich sei, erhalten sie zur Antwort: »Der Fall wurde dem Ministerium für Staatssicherheit übergeben, die haben den Schädel zum Reden gebracht.« *(1986)*

Fritzchen kommt aus der Schule nach Hause und sagt. »Papa, ich habe die beste Arbeit in Staatsbürgerkunde geschrieben.«

Papa: »So, die beste? Was hast du denn bekommen?«

Fritzchen: »Eine fünf.«

Papa: »Was, eine fünf für die beste Arbeit?«

Fritzchen: »Ja, die anderen sitzen alle in U-Haft!« *(1986)*

Ein DDR-Bürger beschwert sich aufgebracht bei der Post: »Warum will man mir mein Telefon wegnehmen?« Antwort: »Sie haben die Staatssicherheit verleumdet.« – »Wieso denn?« – »Sie haben in Telefongesprächen behauptet, die Staatssicherheit höre ihr Telefon ab.« *(1987)*

Wie in den vergangenen Jahren gibt es auch im Herbst 1987 eine Woche des politischen Witzes in der DDR. Wer den besten Witz erzählt, bekommt drei Jahre Bautzen! *(1987)*

Was ist ein Dreiachtel-Witz?

Drei Jahre für den, der zuhört, acht Jahre für den, der ihn erzählt! *(1987)*

Warum gibt es in der DDR keinen Smog? Weil dort zu viele Schnüffler sind! *(1987)*

Es gibt Leute, die Witze erzählen,

es gibt Leute, die Witze sammeln und Witze erzählen, und

es gibt Leute, die Leute sammeln, die Witze erzählen. *(1988)*

Volkspolizei

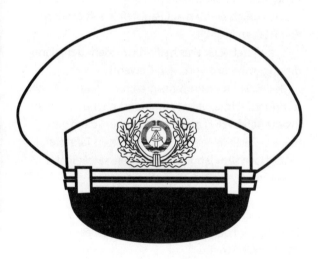

Sitzen drei Krokodile zusammen. Sagt das eine: »Ich habe vor einem Monat einen Ami gefressen. Der hatte so viel Kaugummi drin, dass ich einen Monat das Maul nicht mehr aufgekriegt habe.«

Sagt das zweite: »Ich habe vor einem Monat einen Russen gefressen. Ich war einen Monat lang blau, so voll war der!«

Sagt das dritte: »Das ist ja noch gar nichts. Ich habe vor einem Monat einen Volkspolizisten gefressen. Ich konnte vier Wochen nicht tauchen, so hohl war der.« *(1986)*

Ablauf einer Polizeihelferprüfung

Die Fragen werden auf Papptafeln mit großen Buchstaben gezeigt.

Erste Tafel: »EG« Was heißt das? Überlegen, dann die zögernde Antwort: »Ein Gewehr!«

Bedrückung im Prüfungsgremium, dann als Rechtfertigung: »Na ja, er hat zumindest nachgedacht.« Zweite Tafel: »ZK« Längeres Überlegen, dann verhalten: »Zwei Kewehre!« Auf der dritten Tafel steht: »FDJ« Nach sehr langem Überlegen: »Fielleicht drei Jewehre?!« *(1986)*

Seit Kurzem geht die DDR-Volkspolizei auch in West-Berlin Streife.

Warum? Weil Dummheit keine Grenzen kennt. *(1987)*

Wann hat der liebe Gott die Polizisten erschaffen?

Nachmittags! Am Vormittag schuf er die Affen und mittags gingen ihm die Felle aus! *(1987)*

Warum tragen die Volkspolizisten auf ihren Uniformen ein Emblem?

Antwort: Hast du schon mal eine Flasche ohne Etikett gesehen? *(1987)*

Wie viele Volkspolizisten benötigt man, um eine Kuh zu melken?

Antwort: Genau 22, zwei halten die Zitzen fest, je fünf gehen an die Beine und heben die Kuh auf und nieder! *(1987)*

Zwei Volkspolizisten machen während ihrer Streife Brotzeit. Beide setzen sich an den Randstein und wickeln ihre Stullen aus. Plötzlich steht der eine auf, überquert die Straße und lässt sich dort nieder. Verblüfft fragt der andere: »Was machst du da, Genosse?« Antwortet dieser: »Ich war gestern beim Zahnarzt, und der hat mir gesagt, ich soll auf der anderen Seite kauen.« *(1987)*

Warum …

… waren 1987 Witze über die Volkspolizei verboten? Weil es das Jahr der Behinderten war! *(1988)*

Warum …

… stehen neuerdings in jedem Gemüseladen zwei Volkspolizisten? Damit wenigstens etwas Grünes im Laden ist! *(1988)*

Warum …

… haben Volkspolizisten stets einen Hund dabei? Damit wenigstens einer eine Ausbildung hat! *(1988)*

Vor einem Fleischerladen bildet sich eine Warteschlange. Ein Mann zu den Umstehenden: »Um die Zeit zu vertreiben, erzähle ich Ihnen einen Witz über Erich Honecker.« Klopft ihm einer von hinten auf die Schulter: »Sie, ich bin Polizist.« Der Mann: »Ach, das macht nichts, ich erkläre Ihnen den Witz so lange, bis auch Sie ihn verstanden haben.« *(1988)*

Was ist der Unterschied zwischen einem Volkspolizisten und Schnittlauch? Es gibt keinen, beide sind außen grün, innen hohl und treten in Bündeln auf! *(1988)*

Woran erkennt man in einem U-Boot einen Volkspolizisten?

Er trägt als Einziger einen Fallschirm. *(1988)*

»**K**ennen Sie die Grundfarbe der Volkspolizei-Uniform?«

»Na grün, denke ich!«

»Nein, weiß!«

»Weiß?«

»Ja, und für jeden Mist den einer baut, kriegt er einen grünen Punkt drauf.« *(1988)*

Ein Volkspolizist war Weihnachten zu Besuch im Westen. Als er zurückkommt, wird er gefragt, ob es stimme, dass man dort bereits zwanzig Jahre weiter sei als in der DDR. Der Polizist: »Im Gegenteil, der Westen hinkt ein halbes Jahr hinterher, dort gibt es jetzt erst Erdbeeren.« *(1989)*

Die Mauer und der Westen

Zwei Freunde treffen sich. Fragt der eine: »Wohin willst du denn so schnell?« – »Nach Rostock.« – »Warum nach Rostock?« – »Mensch, in Berlin ist doch ein Loch in der Mauer und ich will mich in der Schlange hinten anstellen!« *(1986)*

Lieber eine Oma im Westen als einen Onkel im ZK! *(1986)*

Ein Schwein, ein Pferd und ein Esel haben eine Besuchsreise in den Westen erhalten. Alle sind wiedergekommen.

Da sagt das Schwein: »Ich bin hier ein dummes Schwein, ich bin drüben ein dummes Schwein, drüben werde ich gefressen, hier werde ich gefressen, also bleib' ich auch hier.«

Das Pferd sagt: »Na ja, 30 Jahre lang hab' ich den Karren aus dem Dreck gezogen, jetzt, da es etwas besser geht, bleib' ich lieber hier.«

Der Esel sagt: »Mensch, drüben bin ich ein Esel, hier bin ich ein Esel, aber hier gehöre ich wenigstens zur Intelligenz.« *(1987)*

Der längste Fluss in Deutschland ist die Elbe!

Man braucht 65 Jahre bis man an die Mündung kommt. *(1987)*

»Hier in der Hauptstadt der DDR ist gute Luft, aber West-Berlin hat Smog-Alarm.«

»Ja, das glaube ich, einen Schutzwall gegen Abgase haben wir ja, das ist das Schöne!« *(1987)*

Zur 750-Jahr-Feier in Berlin wurde die Renovierung der Berliner Mauer ausgeschrieben. Für die Arbeiten zur Erneuerung des Innenputzes meldeten sich 70 Handwerker, zur Erneuerung des Außenputzes bewarben sich fast 17 Millionen. *(1987)*

Warum gibt es in der DDR zurzeit keine Spaten zu kaufen?

Weil die DDR-Bürger damit ihre Westverwandt-schaft ausgraben! *(1987)*

Symbolik eines Bruderkusses: Kuss rechte Wange (dabei flüsternd): »Hast du mir was mitgebracht?«

Kuss linke Wange (ebenfalls flüsternd): »Kann auch was aus dem Westen sein!« *(1987)*

Warum sind die Berliner noch blöder als die Ost-friesen?

Die bauen sich eine Mauer und wohnen dann auf der falschen Seite! *(1987)*

DDR-Bewohner bei den staatlichen Organen:
»Ich möchte die Ausreise in die DDR.«

»Aber Sie sind doch in der DDR!«

»Ja, aber ich möchte in die DDR, die immer in den Zeitungen geschildert wird.« *(1988)*

Agitationsanweisung zur Behandlung von Westbesuch:

Reinlassen! Devisen fassen! Und weiterhassen!
(1988)

Empfang des Staatsratsvorsitzenden für die Teilnehmer an den Olympischen Winter- und Sommerspielen 1988. Erich Honecker ist von Katarina Witt begeistert, im Überschwang der Gefühle stellt er ihr einen Wunsch frei. Katarina wünscht sich, dass für einen Tag die Mauer geöffnet werde. Darauf Erich Honecker mit schelmischem Lächeln und erhobenem Zeigefinger: »Du, du, du – möchtest wohl mit mir alleine sein?« *(1988)*

Frage: Was macht man, wenn man sich im Grenzgebiet aufhält und die Grenze wird geöffnet?

Antwort: Man flüchtet auf einen Baum, sonst wird man zertreten. *(1988)*

Ein DDR-Bewohner erscheint auf dem Polizeirevier und meldet dem Diensthabenden: »Genosse, ich möchte Ihnen melden, dass mein Papagei entflogen ist.« – »Und wegen dem blöden Vogel stehlen Sie mir meine Zeit?«, raunzt der Polizist. – »Das ist nicht alles, Genosse«, sagt der Mann, »ich möchte ausdrücklich zu Protokoll geben, dass ich die politischen Ansichten meines Papageis nicht teile.« *(1988)*

In der DDR braucht man keinen Führerschein mehr!
   Warum? Zum Fahren auf einem umzäunten Gelände ist kein Führerschein erforderlich. *(1988)*

»Es lebt sich gut in unserm Land, hast du im Westen eine Tant'.« *(1988)*

Ein DDR-Bürger läuft an der Berliner Mauer entlang und wird von einem Volkspolizisten angerufen: »Halt! Können Sie sich ausweisen?« – Antwort: »Kann man das jetzt schon selbst?« *(1989)*

Wer reitet so spät durch Nacht und Rüben?
   Das ist der Erich, der will nach drüben.
   Er erreicht die Mauer mit Müh und Not –
   scheiß Schießbefehl, jetzt ist er tot! *(1990)*

Wunderwirtschaft

Versorgung

Was geschieht, wenn die Wüste sozialistisch wird?
   Lange Zeit gar nichts, danach wird der Sand knapp!
(1986)

Rumpelstilzchen will in einem DDR-Konsum-Geschäft
Schnaps kaufen, aber es gibt keinen. Also geht es
weiter und kommt in einen Delikat-Laden*. Nach
einem Blick in das Regal sagt es: »Ach, wie gut, dass
niemand weiß, alter Fusel, neuer Preis!« *(1986)*

Was kommt zwischen dem Sozialismus und dem
Kommunismus?
   Der Delikatismus!
   Im Delikatismus wird der DDR-Bevölkerung bereits
das Geld abgenommen, das sie im Kommunismus
dann nicht mehr braucht! *(1986)*

Zwei Freunde treffen sich zufällig auf dem Alex. Der
eine ist schwer beladen, er trägt einen Sarg auf dem
Rücken. Sagt der andere zu ihm: »Mensch, ist denn jemand gestorben?« Fragt der Sargträger: »Wieso?« –

---

* In Delikat-Läden wurden ab 1966 sogenannte Delikatessen zu er-
  höhten Preisen angeboten. Dabei handelte es sich vor allem um bessere Nahrungs- und Genussmittel aus DDR-Produktion, die auch in
  den Export gingen.

»Was willst du denn sonst mit dem Sarg?« – »Ach, den habe ich nur gekauft, weil es gerade welche gab!«
(1986)

Es wurden Vergleiche des Arbeitsverhaltens angestellt zwischen der DDR und Japan. Dabei wurde auch untersucht, wie lange die Leute arbeiten. Die Japaner haben ihre Ergebnisse vorgelegt und gesagt: »Also, der japanische Arbeiter, der arbeitet drei Stunden am Tag für sich, drei Stunden für den Kaiser und drei Stunden für Japan.« Dann sagt die DDR-Seite: »Na ja, bei uns ist es ähnlich. Der deutsche Arbeiter arbeitet drei Stunden für sich, einen Kaiser haben wir nicht mehr und für Japan arbeiten wir nicht.«
(1987)

Wie unterscheiden sich Kapitalismus und Sozialismus? Im Kapitalismus ist die Ökonomie begründet auf Einnahmen und Ausgaben, im Sozialismus aber auf Eingaben und Ausnahmen. *(1987)*

Welches sind die vier Hauptfeinde des Sozialismus?
Frühling, Sommer, Herbst und Winter! *(1987)*

Warum haben die Bienen noch eine Königin und keinen staatlichen Leiter?
Weil sie Honig machen wollen und keinen Scheiß!
(1987)

Ein Hase will sich abends gemütlich in seiner Kuhle niederlegen, als plötzlich sämtliche Tiere des Waldes in panischer Hast an ihm vorbeilaufen und das Weite suchen. Endlich erwischt er einen Artgenossen, hält ihn an und fragt diesen, was denn eigentlich los sei.

Sagt der angehaltene Hase: »Ja, hast du denn noch nicht gehört, dass heute Nacht die Plankommission den Wald durchforstet und allen Tieren das fünfte Bein abschneidet?«

Sagt der Hase: »Wieso denn, wir haben doch nur vier Beine!«

Sagt der andere: »Du hast schon recht, aber erklär' das mal der Plankommission!« *(1987)*

Warum ist die Banane krumm?

Weil sie um die DDR einen Bogen machen muss!
(1987)

Der Kapitalismus in der Bundesrepublik Deutschland ist im Sterben begriffen, aber es ist ein schöner Tod.
(1987)

Lieber von Kapitalisten ausgebeutet werden und dabei gut verdienen, als frei von Ausbeutung sich nichts leisten können! *(1987)*

Seit 1986 gibt es in der DDR nur noch zwei Schuh-
modelle: Für die Jugend Sport- und Freizeitschuhe
und für die Alten Arbeitsschuhe! *(1987)*

Ein DDR-Bürger kommt in die Hölle. Dort kann er
sich einen Platz entweder in der Westhölle oder in der
Osthölle aussuchen. »Ach«, sagt er, »nun habe ich die
ganze Zeit im Osten gelebt, jetzt gehe ich mal in die
Westhölle.« Als er hinkommt, lässt er sich erst einmal
erzählen, was denn da so los sei. »Na ja«, sagt einer,
»hier wirst du auf ein Nagelbrett geschnallt, geteert
und gefedert und dann 300 Jahre lang verbrannt.«
   »Au«, sagt der Neuankömmling, »das ist natürlich
Mist, jetzt frage ich einmal in der Osthölle nach, wie
es da zugeht.« Dort erzählen ihm die Insassen genau
das Gleiche. Als er ganz verzweifelt überlegt, wo er
denn nun hinsoll, zupft ihn einer am Ärmel und sagt:
»Komm nur hierher in die Osthölle, wir sind schon
500 Jahre hier, 100 Jahre gibt es bereits keine Nägel,
vorher gab es 100 Jahre keinen Teer und zwischen-
durch ist immer wieder das Feuer ausgegangen. Also,
uns ist noch nichts passiert!« *(1987)*

Ein Mann aus Dresden lernt eine Frau kennen und
möchte sie heiraten. Sie gehen aufs Standesamt. Der
Standesbeamte sagt: »Das geht nicht sofort, schreiben
sie sich hier ein, wir haben neun Monate Wartezeit für
eine Trauung.«
   Die beiden gehen wieder und bemühen sich in der
Zwischenzeit um eine Wohnung. Beim Wohnungs-

amt erfahren sie: »Eine Wohnung? Das geht nicht so schnell. Schreiben Sie sich ein, drei bis fünf Jahre Wartezeit.« Daraufhin beschließen die beiden, sich erst einmal ein Auto zu kaufen. Sie gehen zum Händler, der teilt ihnen mit, dass sie mit zwölf Jahren Wartezeit rechnen müssen.

Da die beiden hoffen, bis dahin das nötige Geld zusammengespart zu haben, beginnen sie, sich einige Konsumgüter für die Wohnung anzuschaffen:

Eine Waschmaschine: Ein Jahr Wartezeit.

Ein Kühlschrank: Eineinhalb Jahre Wartezeit.

Ein Ofen: Eineinhalb Jahre Wartezeit usw., usw.

Eines Tages stirbt der Mann, er kommt in den Himmel. Petrus fragt ihn: »Mein Sohn, du hast einen Wunsch frei. Was möchtest du?« – »Ich möchte Erich Honecker einmal so richtig in den Hintern treten«, antwortet er.

»Moment«, sagt Petrus, nimmt ein Buch, schlägt es auf und meint: »20 Jahre Wartezeit.« *(1987)*

Ein Sozialist ohne Beziehungen ist ärmer dran als ein Kapitalist ohne Geld! *(1987)*

Im Jahre 2000 steht auf dem Alexanderplatz in Berlin ein nacktes Pärchen. Er hat einen Laib Brot unter dem Arm, sie eine Tüte Milch in der Hand. Was kann man daraus schließen?

Das bedeutet, dass auch im Jahre 2000 die Preise für Grundnahrungsmittel in der DDR konstant geblieben sind! *(1987)*

Einige DDR-Bürger stehen vor einer Autoreifenhandlung. Der Händler tritt heraus und fragt: »Wer zahlt mit Dollar?« Daraufhin melden sich zwei. Sie gehen in den Laden, nehmen die benötigten Reifen und verschwinden.

Fragt der Händler: »Wer zahlt mit D-Mark?« Drei aus der Schlange melden sich. Sie werden in den Laden geführt, nehmen sich Reifen mit und gehen.

Der Händler fragt: »Wer ist Parteifunktionär?«

Es melden sich wieder zwei. Sie gehen in den Laden, holen die Reifen und wollen gehen.

Da hält sie der Händler zurück und sagt: »So, und ihr erklärt jetzt den Übrigen, warum sie keine Reifen mehr bekommen!« *(1987)*

Das »Neue Deutschland« soll ein kleineres Format bekommen. Warum?

Damit die DDR-Bevölkerung es auch in den Neubauwohnungen lesen kann! *(1987)*

Wer profitiert am meisten von den neuen Sozialmaßnahmen der DDR?

60-jährige schwangere Frauen mit drei Kindern, die im 3-Schicht-Betrieb im Bergbau arbeiten! *(1987)*

Was ist »sozialistische Vergesslichkeit«?

Wenn man mit einem leeren Einkaufskorb vor der Kaufhalle steht und nicht weiß, ob man schon einkaufen war oder nicht! *(1987)*

In der DDR werden seit Neuestem am Ortsende von Städten und Dörfern Schilder mit der Aufschrift 80/60/40/30 aufgestellt. Das heißt: Auf einer Strecke von 80 Metern ist mit 60 Schlaglöchern mit einer Breite von 40 Zentimetern und einer Tiefe von 30 Zentimetern zu rechnen! *(1987)*

Nachdem Honecker in seiner letzten Rede vor der Volkskammer erklärt hatte, dass aus den Betrieben der DDR noch viel mehr herauszuholen ist, erschienen am darauffolgenden Morgen alle Werktätigen mit Rucksäcken in den Betrieben. *(1987)*

In der DDR ist der Uralt-Schlager »Zwei Apfelsinen im Haar und an den Hüften Bananen« wieder ein Hit, allerdings mit etwas geändertem Text: »Zwei Apfelsinen im Jahr, und wenn du Glück hast Bananen … *(1988)*

In der DDR gibt es keinen Senf!
Warum?
Der wird nach Indien geliefert, dafür bekommt die DDR Elefanten, damit der Zirkus weitergehen kann. *(1988)*

Eine Frau kommt in ein Geschäft und fragt nacheinander nach Bettwäsche – gibt es nicht, Frottierhandtücher – gibt es nicht, Tischtücher – gibt es

nicht, Geschirrtücher – gibt es nicht, Schlüpfer – ja,
die gibt es, »aber nur, wenn Ihnen Ihr Betrieb beschei-
nigt, dass Sie eine bückende Tätigkeit ausüben«.
(1988)

Sagt ein DDR-Arbeiter zum Parteisekretär: »Nicht
Lenin oder Karl Marx musst du kennen, sondern Hinz
und Kunz!« *(1988)*

»**S**auer macht lustig«, sagt der Wald und lacht sich tot!
(1988)

Die Pleiße* ist ein Jungbrunnen: Du trinkst nur einmal
daraus und wirst nicht alt! *(1988)*

Was ist DDR-Sex?
  Nackte Regale! *(1988)*

Baustelle in Dresden. Zwei Bauarbeiter machen am
Donnerstag Brotzeit. Einer ist sehr schweigsam und
grübelt fortwährend. Nach dem Grund befragt antwortet er: »Ich stelle mir gerade vor, was wäre, wenn
jetzt eine Atombombe auf uns fallen würde. Wir beide

---

* Während der DDR-Zeit führten die Ableitungen aus der carboche-
mischen Industrie südlich von Leipzig zu Verfärbung, Gestank und
Absterben allen Lebens im Unterlauf der Pleiße.

wären nicht mehr da, die Mörtelmaschine wäre nicht mehr da, Zement und Bauholz wären nicht mehr da.« Der andere zuckt verständnislos die Schultern.

Freitag, die gleiche Situation, wieder Grübeln. Nach dem Grund befragt: »Ich stelle mir gerade vor, eine Neutronenbombe ist gefallen. Wir sind beide tot, die Mörtelmaschine ist noch da, Zement und Bauholz sind unversehrt.«

Nach dem Wochenende, am Montag, sitzt der eine wieder grübelnd bei der Brotzeit, blickt immer wieder herum. »Was ist denn bloß jetzt schon wieder los?«, wird er von seinem Kollegen gefragt. Antwort: »Ich überlege gerade, was das wohl für eine Bombe am Wochenende gewesen ist. Wir beide sind da, aber die Mörtelmaschine ist weg, der Zement ist weg und vom Bauholz ist auch nichts mehr zu sehen!« *(1988)*

Warum wird in der DDR trotz Aids kein Kondomzwang eingeführt?

Zwecklos, die Wartezeit wäre etwa genauso lang wie beim Wartburg. *(1988)*

Wer kennt das größte Berliner Kaufhaus?

Kaufhaus Prinzip. Erich Honecker hat gesagt: »Im Prinzip gibt es alles.« *(1988)*

Warum sind Zitronen so sauer?

Weil sie als einzige Südfrüchte in die DDR müssen! *(1988)*

»Wenn man in der DDR mit einer Schubkarre voll Geld daherkommt, dann fragen die Leute nicht, woher man das Geld hat, sondern woher man die Schubkarre hat.« *(1988)*

Kommt ein alter Herr in einen Fleischerladen und sagt: »Ich möchte 100 Gramm ungarische Salami, aber bitte dünn geschnitten.« Sagt die Verkäuferin: »Wir haben keine.« Der Mann geht wieder. Daraufhin eine Verkäuferin zur anderen: »Der Alte hat wohl einen Vogel.« Sagt die andere: »Ich wundere mich immer wieder, was die alten Leute für ein gutes Gedächtnis haben!« *(1989)*

In der DDR wurden die Weihnachtsmärkte Ende 1988 umbenannt in »Paradiesgärten«.
    Warum? Es gibt nur Äpfel und Schlangen! *(1989)*

Am Delikat-Laden steht: »Hunde draußen bleiben.« Darunter hat einer geschrieben: »Arme Schweine auch.« *(1989)*

Warum ist in der Bundesrepublik der Lebensstandard höher als in der DDR? Antwort: Weil dort die Kommunisten Berufsverbot haben! *(1989)*

Warum soll in jedem Fleischerladen in der DDR immer eine Wurst hängen? Damit die Leute nicht glauben, dies sei ein Fliesengeschäft. *(1989)*

Ein Bundesbürger und ein DDR-Bewohner diskutieren etwas heftig:

Bundesbürger: »Kannst du dir denn für dein Geld etwas kaufen?« Antwort: »Na ja, hin und wieder schon.« – »Kannst du reisen?« – »Ja, ins sozialistische Ausland halt.« – »Kannst du dir ein Auto kaufen?« – »Ja, nach 15 Jahren Wartezeit.« – »Mensch, da würde ich aber streiken!«

Jetzt fragt der DDR-Bewohner: »Kannst du während der Arbeitszeit zum Friseur gehen?« – »Nein!« – »Kannst du während der Arbeitszeit einkaufen gehen?« – »Nein!« – »Kannst du, wenn du dir ein Haus baust oder deinen Garten herrichtest, sechs Wochen krankmachen?« – »Bist du verrückt?« – »Na, siehste, da würde ich jetzt aber streiken!« *(1989)*

Warum sind DDR-Bürger immer so müde?

Weil es seit 40 Jahren schon bergauf geht! *(1989)*

Wie unterscheidet sich die DDR-Wirtschaft 1989 von der 1979? 1979 hatten wir eine saumäßige Planwirtschaft, 1989 dagegen eine planmäßige Sauwirtschaft. *(1990)*

In verschiedenen Geschäften wurden die leeren Regale entfernt, dort kann man jetzt für D-Mark mit den Verkäuferinnen tanzen. *(1990)*

Überbietest du den Plan, hast du es allein getan; bist du unterm Soll geblieben, musst du es aufs Wetter schieben. *(1990)*

Trabbi und Wartburg

Ein DDR-Bürger gibt in einem IFA-Laden seine Bestellung für einen Trabant ab. Sagt der Verkäufer kategorisch: »Elf Jahre Wartezeit!« Der Kunde geht, dreht sich aber noch einmal um und fragt: »Soll ich da vormittags oder nachmittags kommen?« *(1986)*

Warum gibt es in der DDR keine Geiselnahmen?
    Welcher Kriminelle wartet schon 14 Jahre auf ein Fluchtauto? *(1986)*

Der Vorsitzende einer LPG ärgert sich bei der Lieferung seines vor langer Zeit bestellten Trabantes über die in der Rechnung aufgeführten Nebenkosten und Aufpreise.
    Als kurze Zeit später das Autowerk Sachsenring in Zwickau für sein Ferienobjekt bei der LPG eine Kuh kauft, bekommt es folgende Rechnung:

Kuh – Grundpreis, Standardausführung	4.800,– M
Zweifarbig schwarz/weiß	300,– M
Rindslederbezogen	200,– M
Behälter für Produktionsspeicherung	100,– M
Zapfhähne, vier à 25,– M	100,– M
Hörner, zwei à 35,– M	70,– M
Fliegenwedel, halbautomatisch	50,– M
Düngevorrichtung, vollautomatisch	120,– M
Totalkuh in gewünschter Ausführung	5.740,– M

(1987)

Seit Kurzem muss man auf einen Wartburg nur noch fünf Tage warten.

An einem Tag bestellt man ihn, an einem anderen Tag holt man ihn ab und dazwischen liegen ja nur noch drei Parteitage! *(1987)*

Der Trabant ist jetzt das leiseste Auto der Welt! Weil man beim Fahren die Knie an den Ohren hat. *(1988)*

Warum wollen so viele DDR-Bürger auf den neuen Wartburg umsteigen? Weil die erste Inspektion in Wolfsburg stattfindet! *(1989)*

Der neue Wartburg wird ohne Motor ausgeliefert, weil in der DDR sowieso alles bergab geht. *(1989)*

Das neue Wartburg-Modell wurde auch im Windkanal getestet und belegte dort den zweiten Platz.

Den ersten Preis für das windschlüpfrigste Modell erhielt eine Wohnzimmer-Schrankwand aus Zeulenroda zugesprochen. *(1989)*

Wie fühlt sich der Golf-Motor im Wartburg? Wie ein Herzschrittmacher in einer Mumie! *(1989)*

Der neue Trabant soll mit zwei Auspuffen auf den Markt kommen. Damit man ihn auch als Schubkarre benutzen kann. *(1989)*

Übrigens, in der DDR werden die Farbfernsehgeräte billiger.

Jetzt bekommt man für einen Wartburg 6 Stück und nicht mehr 4 wie beim alten Modell. *(1989)*

Ein DDR-Arbeiter fragt einen Kollegen: »Willst du meinen gebrauchten Trabbi, 50 000 km gefahren, kaufen?« – »Nein um Gottes willen, ich habe erst das Geld für einen neuen zusammengespart!« *(1989)*

Aufkleber auf der Rückseite eines Trabants: »Vorsicht, Leihgabe des Museums für prähistorische Fahrzeuge!« *(1989)*

Der liebe Gott sorgt dafür, dass ab und zu irgendwo auf der Welt ein kleines Erdbeben stattfindet. Wenn er in die DDR schaut und die Straßen sieht, murmelt er jedes Mal erstaunt: »Nanu, da war ich wohl gerade erst.« *(1989)*

Parallelen zwischen dem neuen Wartburg und Erich Honecker? Beim einen dauert es ewig bis er kommt, beim anderen ewig bis er geht! *(1989)*

Der neue Wartburg hat 17 Jahre Rostschutzgarantie. Vom Tag der Bestellung an! *(1989)*

Für Autokäufer lautet der Plural von Wartburg: »Warte, Bürger!« *(1989)*

Oma zum Enkel: »Und wenn du mal dein Abi gemacht hast, gibt's zur Belohnung Omis PKW-Anmeldung.« *(1990)*

Wie viele Arbeiter sind erforderlich, um einen Trabbi zu bauen? Drei! Einer schneidet, einer faltet, einer klebt. *(1990)*

Wie kann man den Wert eines Trabbis verdoppeln? Indem man ihn volltankt. *(1990)*

Auffahrunfall: Ein Rolls-Royce rammt einen Mercedes, ein Trabant den Mercedes. Mercedesfahrer: »Die Reparatur kostet mich ein Monatsgehalt.« Der Fahrer des Rolls-Royce: »Mich mindestens zehn Monatslöhne.« Trabbifahrer: »Und mich mindestens zehn Jahresgehälter. Antwort der anderen: »Warum kaufen Sie sich auch so ein teures Auto?« *(1990)*

Intershop und Genex

Im Interhotel gibt es jetzt einen neuen Service: Im Zimmer steht eine Flasche Wodka auf dem Tisch, eine Shag-Pfeife ist vorhanden und ein bildhübsches Mädchen liegt im Bett.

Wie verhalten sich ein Russe, ein Engländer und ein DDR-Bürger, wenn sie das Zimmer betreten?

Der Russe nimmt den Wodka, der Engländer die Pfeife, der DDR-Bürger schickt das Mädchen raus, zieht die Bettwäsche ab und nimmt sie mit nach Hause. *(1987)*

Wer ist in der DDR ein Snob? Das ist einer, der Petersilie über Fleurop bestellt und seinen Parteibeitrag über Genex* bezahlt. *(1987)*

---

* Die Geschenkdienst und Kleinexporte GmbH (kurz Genex) ermöglichte DDR-Bürgern seit 1956, knappe DDR-Waren über Verwandte und Bekannte im Westen gegen Bezahlung in D-Mark zu erhalten.

Den DDR-Bürgern werden ihre Löhne künftig wie folgt ausbezahlt:

25 % in Dollar, damit sie im Intershop einkaufen können,

25 % in Westmark, damit sie ihre Handwerker bezahlen können,

25 % in DDR-Geld, damit sie ihre Partei- und Gewerkschaftsbeiträge bezahlen können,

25 % in Zloty, damit sie viel Kleingeld in der Tasche haben! *(1987)*

Neue Maßeinheit: 1 Honni = Entfernung von einem Intershop zum anderen.

Neue Zeiteinheit: 1 Schnitz = Zeitspanne, die vom Erheben aus dem Sessel bis zum Abschalten des »Schwarzen Kanals«* Eduard von Schnitzlers vergeht. *(1987)*

Wo ein Genosse ist, da ist die Partei – wo 50 Genossen sind, ist ein Intershop in der Nähe! *(1988)*

Ein altes Mütterchen kommt zu Günter Mittag und sagt: »Ich möchte so gerne mal am SED-Parteitag teilnehmen.« Da sagt Günter Mittag: »Aber du bist doch

---

* »Der schwarze Kanal« war eine politisch-agitatorische Sendung des DDR-Fernsehens, in der sich Kommentator Karl-Eduard von Schnitzler mit Beiträgen westdeutscher Medien auseinandersetzte.

gar kein Parteimitglied, da kannst du nicht teilnehmen.«

Sie geht zu Erich Honecker und erzählt ihm ihr Anliegen, da sagt Erich: »Du bist kein Parteimitglied, Oma. Du weißt doch, das geht nicht.«

Dann kommt der Parteitag, das Mütterchen sitzt in der ersten Reihe und alle wundern sich.

Daraufhin Günter zu Erich: »Sag mal, was hast du denn hier gemacht? Die Oma ist doch kein Mitglied unserer Partei, hast du das so geregelt?« Daraufhin sagt Erich nur: »Genex«. *(1989)*

Erich trifft ein altes Muttchen und sagt: »Na, Muttchen, wie geht es dir denn bei uns im Staat?« »Ach«, sagt sie, »mir geht es ja so gut hier. Ich habe einen Farbfernseher, ich habe einen Tiefkühlschrank, ich habe schöne Teppiche, ich habe eine wunderbare Couchgarnitur. Mir geht's wirklich gut, ich habe alles, was man braucht.« – »Ja«, sagt Erich »das hast du alles mir zu verdanken, Muttchen.« – »Ach, sind Sie Herr Genex?« *(1989)*

Hauptstadt und Bezirke

Losung im Norden der DDR:

»So, wie wir heute arbeiten, so wird der Berliner morgen leben!« *(1986)*

Im Zuge der bevorstehenden 750-Jahr-Feier werden in Ost-Berlin umfangreiche Straßenausbesserungen durchgeführt. Im Stadtbild sieht man deshalb überall aufgerissene Straßen. Fragt ein Berliner den anderen: »Haben diese Buddelarbeiten etwas mit der 750-Jahr-Feier zu tun?« – »Quatsch«, erhält er zur Antwort, »die SED will doch nur nachsehen, ob der Kommunismus bei uns endlich Wurzeln geschlagen hat.« *(1986)*

Welche Stadt ist die heiligste Stadt der Republik?

Leipzig! Zweimal im Jahr ist Messe, dazwischen Fastenzeit! *(1986)*

Karl Marx wollte den Sozialismus für die ganze Welt, Lenin für die Sowjetunion, Ulbricht für die DDR und Honecker für Berlin. *(1987)*

Stoßseufzer
Kennt Ihr die Stadt am Ende der Welt,
wo Ruß und Dreck vom Himmel fällt,
wo die Straßen verwinkelt, eng und klein,
wo bei Regen man aussieht wie ein Schwein,
wo die Versorgung steht an letzter Stelle,

wo die Stadtväter werden niemals helle,
wo der Verkehr sich in den Schlaglöchern staut,
wo man die Häuser noch liederlich baut,
wo die Betriebe strotzen von guten Taten,
wie sie es machen, wird nicht verraten,
wo die HO kämpft um Minusdifferenzen,
wo man vor den Toren der Stadt schließt die Grenzen,
wo die Apfelsinen und Bananen sind weg –
das ist Zittau, die Stadt am Dreiländereck. *(1987)*

Fritzchen schreibt einen Aufsatz über die 750-Jahr-Feier Berlins. Der Vater hilft ihm und schlägt ihm vor zu schreiben: »Berlin ruft dich, Berlin ruft mich, Berlin ruft uns alle.« Fritzchen schreibt, kommt am anderen Tag nach Hause und weint. Fragt der Vater: »Warum weinst du denn?« – »Ich habe eine Fünf gekriegt.« – »Das darf doch wohl nicht wahr sein!«, sagt der Vater.

Fritzchen zeigt ihm sein Heft und da steht geschrieben: »Berlin rupft dich, Berlin rupft mich, Berlin rupft uns alle!« *(1987)*

Wo ist in der DDR die geografisch tiefste Stelle?
In Berlin, da fließt alles hin! *(1987)*

In Leipzig wird das neue Bowling-Zentrum unter dem Bruno-Leuschner-Platz, also unterirdisch gebaut. Warum? Damit die Berliner nicht sehen, dass in Leipzig noch ein paar Bauarbeiter sind! *(1987)*

Endzeit(stimmung)

Frage an Sender Jerewan: »Wie beurteilen Sie die Zukunft des Kommunismus?«

Antwort: »Wie die einer alten Jungfer: Stets bereit, doch von niemandem begehrt!« *(1987)*

Die Amerikaner, die Russen und die DDR haben ein Abkommen zur Hebung der 1912 gesunkenen Titanic geschlossen. Die Vereinbarung sieht vor, dass die Amerikaner den Goldschatz erhalten. Die Russen bekommen endlich die Technik aus dem Jahre 1912. Die DDR will die bordeigene Schiffskapelle, die heldenhaft bis zum Untergang gespielt hat. *(1987)*

Ein Volkspolizist hat einen Antrag auf Übersiedlung in die Bundesrepublik Deutschland gestellt. Sein Vorgesetzter führt deswegen ein Gespräch mit ihm. Sagt der Antragsteller: »Ich habe zwei Gründe für meine Handlung, einen Neben- und einen Hauptgrund. Der Nebengrund ist, wenn die Verhältnisse hier bei uns einmal besser werden, dann sperrt man mich vielleicht ein und möglicherweise werde ich auch noch erschossen.« – »Nee«, sagt der Vorgesetzte, »da brauchst du wirklich keine Angst zu haben, da verändert sich nichts.« Antwortet der Antragsteller: »Und das ist ja der Hauptgrund!« *(1987)*

Ein Mann geht an einen Zeitungskiosk und sagt: »Ich hätte gern ein »Neues Deutschland«.

Darauf der Zeitungsverkäufer: »Ich auch!« *(1987)*

Die 7 Wunder der DDR

Obwohl alle Leute in der DDR vollbeschäftigt sind, arbeitet keiner voll.

Obwohl keiner voll arbeitet, sind die Pläne übererfüllt.

Obwohl die Pläne alle übererfüllt sind, gibt es in den Geschäften nichts zu kaufen.

Obwohl es in den Geschäften nichts zu kaufen gibt, haben alle Leute fast alles.

Obwohl sie fast alles haben, was sie brauchen, schimpfen sie auf Honecker und die Regierung.

Obwohl sie schimpfen, wählen 99,9 % der Bürger die Kandidaten der Nationalen Front*.

Obwohl 99,9 % die Kandidaten der Nationalen Front wählen,

haben 5 % der Bevölkerung einen Ausreiseantrag gestellt. *(1987)*

In der DDR verbreitet sich neuerdings die Hoffnung auf eine Wiedervereinigung der beiden deutschen Staaten. Grund: Es wurde bekannt, dass Erich Honecker seine Schwester in Wiebelskirchen als Universalerbin eingesetzt hat; wenn er stirbt, fällt die DDR automatisch an den Westen. *(1988)*

---

* Die Nationale Front war ein Zusammenschluss der Parteien und Massenorganisationen in der DDR und diente der Gleichschaltung mit der SED.

1995 werden in der DDR die Personalausweise abgeschafft. Warum?

Die paar, die dann noch hier sind, kennt Erich persönlich! *(1988)*

Weshalb gewinnen die DDR-Bob- und -Schlitten-sportler fast alle Wettbewerbe, an denen sie teil-nehmen?

Sie haben Heimvorteil! Links 'ne Mauer, rechts 'ne Mauer und in der Mitte geht's in rasendem Tempo bergab! *(1988)*

Prüfung an einer Universität im Fach Gesellschafts-wissenschaften. Frage an den ersten Kandidaten:

»Was verstehen Sie unter Sozialismus in der DDR?« Antwort: »Der Sozialismus in der DDR ist ver-gleichbar mit einer Insel im tosenden Meer; er steht fest wie ein Felsen.« Die Antwort löst Anerkennung bei der Prüfungskommission aus.

Der zweite Kandidat erhält die gleiche Frage.

Antwort: »Der Sozialismus in der DDR ist wie ein großes Schiff, das durch die Weltmeere pflügt und auch im Sturm nicht untergeht.« Zwischenfrage eines Prüfers: »Und was ist mit den Leuten auf dem Schiff?« Antwort: »Die stehen an der Reling und kotzen und kotzen und hören gar nicht mehr auf zu kotzen.« *(1988)*

Abendgebet der DDR-Bewohner, seitdem die DDR altes Kopfsteinpflaster gegen Devisen in den Westen exportiert: Lieber Gott, mach' mich zu 'nem Pflasterstein, dann könnt' ich bald im Westen sein! *(1988)*

Der größte Wunsch der DDR-Bewohner fürs neue Jahr: Ein baldiges Treffen Erich Honeckers mit Franz Josef Strauß.* *(1989)*

Erich Honecker hat Halsschmerzen, geht in die nächste Apotheke und verlangt ein Mittel für den Hals. Der Apotheker legt ihm stillschweigend einen Strick hin. *(1989)*

Erich Honecker und Günter Mittag stehen auf dem Ostberliner Fernsehturm und wollen runterspringen. Was denken Sie, wer zuerst unten ankommt?
    Antwort: Das ist egal, Hauptsache sie springen. *(1989)*

Bundeskanzler Helmut Kohl und der Staatsratsvorsitzende Erich Honecker bei einem Treffen:
    Kohl: »Was wurde eigentlich aus der alten Devise ›Den Kapitalismus überholen ohne einzuholen‹?«

---

* Franz Josef Strauß, von 1978 bis 1988 bayerischer Ministerpräsident, der der DDR zu mehreren Milliardenkrediten verholfen hatte, war am 3. Oktober 1988 gestorben.

Honecker: »Wir haben jetzt eine neue Devise. Wir überspringen den Kapitalismus einfach.«

Kohl: »Wie soll das funktionieren? Wie weit seid ihr damit?«

Honecker: »Wir sind gerade in die Knie gegangen!« *(1989)*

Erich Honecker fuhr Anfang Oktober nur noch mit dem Trecker. Er suchte seine Anhänger! *(1989)*

Was ist der Unterschied zwischen der DDR und einem Betrieb? Im Betrieb sind die Fluchtwege gekennzeichnet! *(1989)*

In Ost-Berlin wurden schon im September alle grünen Flecken zubetoniert. Warum? Damit Honecker am 7. Oktober vor lauter Freude nicht ins Gras beißt! *(1989)*

Wann weiß man, dass man der letzte DDR-Bewohner ist, der sich noch im Land aufhält? Wenn man das Radio einschaltet und eine Stimme sagt: »Guten Morgen, Herr/Frau ...« Oder: Der Fernsehsprecher sagt spätabends: »Hiermit beenden wir das Programm, gute Nacht, Herr/Frau ...« *(1989)*

In der DDR werden alle Topfpflanzen auf Hydrokultur umgestellt. Die Genossen können das Wort Gießen* nicht mehr hören! *(1989)*

Wahre Begebenheit: Während einer Stromunterbrechung rief ein DDR-Bürger vom Balkon: »Noch nicht ganz ausschalten, hier wohnen noch welche!« *(1989)*

Willst du in den Westen türmen, musst du eine Botschaft stürmen! (1989)

Biete goldenen Weg in den Sozialismus, suche Trampelpfad nach Hof! *(1989)*

Annonce im »Neuen Deutschland«:
   Arbeiter und Bauern gesucht! Regierung vorhanden! *(1989)*

In der DDR wurden in den letzten Wochen fast alle Krähen abgeschossen.
   Warum? Weil die immer »Praaag, Praaag« rufen!
(1989)

---

* In Gießen befand sich ein Notaufnahmelager, das seit den 1960er Jahren die erste Station für zahlreiche ausgereiste DDR-Bürger war. 1989 erlebte es den Ansturm von den über Ungarn und die Tschechoslowakei geflüchteten Ostdeutschen.

Neuer Gruß der Erzgebirgler: »ND, ND, ND!«
(»Na du, noch da, nicht drüben?«) *(1989)*

Früher hieß es »Volk ohne Raum« – in der DDR
heißt es bald »Raum ohne Volk!« *(1989)*

Beliebte Speisenfolge bei den DDR-Jugendlichen
im September/Oktober 1989:
Morgens: Thüringer Rotwurst.
Mittags: Ungarisches Gulasch.
Nachmittags: Wiener Apfelstrudel.
Abends: Frankfurter Rippchen mit Bayrisch Kraut.
(1989)

Honecker ist der größte Feldherr aller Zeiten. Er hat
zigtausend Menschen in die Flucht geschlagen und
Millionen umzingelt! *(1989)*

Umfrage in der DDR: Wollen Sie 1995 noch in der
DDR leben? Wenn ja, wovon? *(1989)*

Neu im Programm des DDR-Reisebüros: Drei-Städte-
Kurzreisen Budapest–Wien–Gießen! *(1989)*

An der Grenze wird das Gepäck eines Ausreisenden
untersucht. Zum Erstaunen der Beamten finden sie

ein großes Bild von Egon Krenz. »Ja, sagen Sie mal, was wollen Sie denn im Westen mit dem Bild von Egon?« Sagt der Übersiedler: »Das ist gegen Heimweh!« *(1989)*

In der DDR kann man sich gegen eine neue Krankheit impfen lassen: Die Buda-Pest! *(1989)*

Der 7. Oktober, der Tag der Republik, wird umbenannt in »Tag der Zurückgebliebenen«. *(1989)*

Gängige Antwort auf die Frage »Wie geht's?«: »Na, wie soll's gehen, über Ungarn natürlich, anders geht's doch nicht!« *(1989)*

Dresdner Neufassung des »Erlkönigs«: Was schleicht des Nachts durch Ungarns Wiesen? Es sind die Sachsen, die woll'n nach Gießen! *(1989)*

Kindergebet aus der DDR
   Lieber Gott, mach' mich blind, damit ich nicht nach Ungarn find'.
   Lieber Gott, mach' mich taub, damit ich nicht dem Rias glaub'.
   Bin ich taub und bin ich blind, bin ich Erichs liebstes Kind. *(1989)*

Was raschelt im Korn, was raschelt in den Rüben?
Das ist die Jugend, die will nach drüben! *(1989)*

Erich Honecker ist gestorben. Mit schwerem Gepäck
steht er jetzt an der Himmelstür. Völlig übermüdet
stellt er es ab, als er von Petrus erfährt, dass er wohl
erst einige Zeit in der Hölle verbringen müsse, ehe er
in den Himmel aufgenommen werden könne.

Honecker ist enttäuscht: »Das hätte ich nicht ge-
dacht, ich habe doch nur das Gute gewollt für die
Menschen. Na ja, das Gepäck lasse ich dann später
abholen.« Er geht in die Hölle. Am nächsten Tag steht
ein kleiner Teufel vor Petrus. Petrus fragt: »Du willst
sicher das Gepäck von Erich holen?« – »Um Gottes
willen, nein, ich bin der erste Flüchtling!« *(1989)*

Alles hat ein Ende, auch die DDR hat eins! *(1989)*

Die sozialistische Praxis kommt in der Theorie
gar nicht vor! *(1989)*

Besuchen Sie die DDR, solange es sie noch gibt!
(1989)

Hast du fünf Minuten Zeit, schlage einen Stasi breit!
(1989)

Wer schon die Übersicht verloren hat, sollte wenigstens den Mut zur Entscheidung haben. *(1989)*

Wer will, dass die DDR so bleibt, wie sie ist, der will nicht, dass sie bleibt. *(1989)*

Erich Honecker geht zum letzten Mal in sein Büro. Sein Bild hängt noch an der Wand, er fragt es: »Was wird bloß aus uns werden?« Da antwortet das Bild: »Erich, das kann ich dir sagen, mich nimmt man ab und dich hängt man auf.« *(1990)*

Übrigens, Erich Honecker hat 40 Jahre lang Friedenstauben gezüchtet. Und was kam raus? Lauter Zugvögel! *(1990)*

Unterschied zwischen Napoleon und Erich Honecker? Keiner, beide sind an Leipzig gescheitert. *(1990)*

Anhörung in einem Parteiverfahren: »Warum warst du nicht bei unserer letzten Parteiversammlung?« – »Wenn ich gewusst hätte, dass es die letzte ist, wäre ich natürlich gekommen.« *(1990)*

Warum haben die Kommunisten eigentlich die Farbe Rot gewählt? Wer hat schon mal ein grünes Schlusslicht gesehen! *(1990)*

Silvesterwitz 1989: Es sieht schwarz aus und steht vor der Tür, was ist das? Antwort: Das neue Jahr! *(1990)*

Die PDS bekommt ein neues Parteiabzeichen. Statt der (früheren) verschlungenen Hände wird ein Krokodil dargestellt. Das bedeutet: Bis zum Hals im Wasser, aber immer noch ein großes Maul. *(1990)*

Alle DDR-Bewohner bekommen jetzt kostenlos ein Kofferradio. Warum? Die »Titanic« ist schließlich auch mit Musik untergegangen. *(1990)*

Ein Rabe und ein Specht fliegen über die DDR. Sagt der Specht zum Raben: »Ein schönes Land für uns.« Der Rabe: »Warum?« Sagt der Specht: »Überall der Wurm drin, überall.« *(1990)*

Lieber Kohl, als gar nichts zu essen. *(1990)*

Im Sozialismus ist alles so tot, wie es Marx schon längst ist! *(1990)*

Von einem Flugblatt: »Alle Kommunisten müssen sterben, damit sie nicht die Welt verderben.« *(1990)*

Alte Bauernregel: Stehen im Februar hoch die Rüben, ist auch der letzte Bauer drüben. *(1990)*

SED = **S**chleicht **E**uch **D**avon. *(1990)*

Ausgewählte Parolen
der Oktoberrevolution 1989

Egon, reiß die Mauer ein, die Volkswirtschaft braucht jeden Stein!

Privilegierte aller Länder beseitigt euch!

Jetzt geht es nicht mehr um Bananen, jetzt geht es um die Wurst.

Der Sozialismus siecht.

Visafrei bis nach Schanghai!

Demokratie in ihrem Lauf, halten weder Ochs noch Esel auf.

Misstrauen ist die erste Bürgerpflicht!

Blumen statt Krenze.

Vorschlag für den 1. Mai: Die Führung zieht am Volk vorbei.

Gehen ist Silber, Bleiben ist Gold.

Wir sind gegen jeden Wendehals.

Demokratie krenzenlos.

Stasi – statt Knüppel Besen in die Hand.

Privilegien für alle.

Bieten Losungen, suchen Lösungen.

Volksauge, sei wachsam!

SED, das tut weh.

Lieber Kohl-Plantage als sozialistische Versuchsfarm.

Übrigens muss man bei der Wende erst die Kurve kriegen.

Für Reformen unsre Kraft, Stasi in die Volkswirtschaft!

Wo keine Köpfe sind, können auch keine rollen.

Bleib im Land, und wehre dich täglich!

Ich bin das Volk! Aber auf einmal will es jeder sein.

Und er denkt, dass keiner weiß, dass er Erich ist und Egon heißt.

Wandlitz, zeig dein Antlitz!

Pässe für alle, Laufpass für die SED!

Missbrauchte Polizisten, wehrt euch gegen Stalinisten!

Das Volk sind wir, gehen solltet ihr!

Fantasie an die Macht!

Offenheit und Rechtssicherheit spart Arbeitsplätze bei der Staatssicherheit.

Partei-Machtmonopol macht hohl.

Egon, wenden nicht winden!

Keine Macht für niemand.

Die Armee wird reduziert, wann folgen die Krenz-Truppen?

Lügen haben kurze Beine – Egon, zeig, wie lang sind deine?

Anhang

Anmerkungen

1 Die BND-Akten liegen im Bundesarchiv (BA); siehe die Signaturen BA, B 206/532 und 576; vgl. auch Hans-Ulrich Stoldt/Klaus Wiegrefe: »Was ist DDR-Sex?«, Spiegel Online, 12.10.2009 (http://www.spiegel.de/einestages/humor-spionage-was-ist-ddr-sex-a-948543.html; aufgerufen am 3.6.2015).

2 Schreiben des Leiters der Forschungs- und Arbeitsgruppe »Geschichte des BND«, Dr. Bodo Hechelhammer, an die Verfasser, 12.3.2015.

3 Ebd.

4 Vgl. Hermann Wentker: Die DDR in den Augen des BND (1985–1990). Ein Interview mit Dr. Hans-Georg Wieck, in: Vierteljahrshefte für Zeitgeschichte 2/2008, S. 327 f., 339; zur Besonderheit der Geheimdienstbefragungen in West-Berlin siehe Keith R. Allen: Befragung, Überprüfung, Kontrolle. Die Aufnahme von DDR-Flüchtlingen in West-Berlin bis 1961, Berlin 2013.

5 Schreiben des Leiters der Forschungs- und Arbeitsgruppe »Geschichte des BND« an die Verfasser, 13.4.2015.

6 Schreiben des Leiters der Forschungs- und Arbeitsgruppe »Geschichte des BND« an die Verfasser, 12.3.2015.

7 Siehe die Auswahl politischer Witz-Sammlungen im Anhang zu diesem Text.

8 Ulli Kracht: Pankow scharf pointiert. Der politische Witz in Mitteldeutschland, Bad Godesberg 1961, S. 9.

9 Alle Zitate: Ebd., S. 14–20.

10 Mischka Kukin: Humor hinter dem Eisernen Vorhang, Gütersloh 1962, S. 5.

11 Vgl. Kurt Hirche: Der »braune« und der »rote« Witz, Düsseldorf/Wien 1964, S. 44.

12 Ebd., S. 46.

13 Kukin, a.a.O., S. 5.

14 Hirche, a.a.O., S. 51.

15 Ebd., S. 51.

16 Ebd., S. 52.

17 Vgl. Alexander Drozdzynski: Der politische Witz im Ostblock, München 1977, S. 15; Jan L. Kalina: Nichts zu Lachen. Der politische Witz im Ostblock, München/Berlin 1980, S. 13.

18 Jörg K. Hoensch: Zur Phänomenologie und Soziologie des politischen Witzes in Osteuropa, in: Bohemia. Zeitschrift für Geschichte und Kultur der böhmischen Länder 13 (1972), S. 407.

19 Ebd., S. 407 f.

20 Ebd., S. 408.

21 Ebd., S. 422.

22 Siehe dazu auch die Überlegungen zu politischen Witzen in: Stefan Wolle: Die heile Welt der Diktatur. Alltag und Herrschaft in der DDR 1971–1989, Berlin 1998, S. 155.

23 György Dalos: Proletarier aller Länder, entschuldigt mich! Das Ende des Ostblockwitzes, Bremen 1993, S. 19.

24 Art. 6 (»Boykotthetze«) der DDR-Verfassung vom 7. 10. 1949 lautete:

»Alle Bürger sind vor dem Gesetz gleichberechtigt. Boykotthetze gegen demokratische Einrichtungen und Organisationen, Mordhetze gegen demokratische Politiker, Bekundung von Glaubens-, Rassen-, Völkerhaß, militaristische Propaganda sowie Kriegshetze und alle sonstigen Handlungen, die sich gegen die Gleichberechtigung richten, sind Verbrechen im Sinne des Strafgesetzbuches. Ausübung demokratischer Rechte im Sinne der Verfassung ist keine Boykotthetze.

Wer wegen Begehung dieser Verbrechen bestraft ist, kann weder im öffentlichen Dienst noch in leitenden Stellen im wirtschaftlichen und kulturellen Leben tätig sein. Er verliert das Recht, zu wählen und gewählt zu werden.«

25 § 19 (»Staatsgefährdende Propaganda und Hetze«) des StEG vom 11. 12. 1957 lautete:

»(1) Wer 1. den Faschismus oder Militarismus verherrlicht oder propagiert oder gegen andere Völker oder Rassen hetzt, 2. gegen die Arbeiter-und-Bauern-Macht hetzt, gegen ihre Organe, gegen gesellschaftliche Organisationen oder gegen einen Bürger wegen seiner staatlichen oder gesellschaftlichen Tätigkeit oder seiner Zugehörigkeit zu einer staatlichen Einrichtung oder gesellschaftlichen Organisation hetzt, Tätlichkeiten begeht oder sie mit Gewalttätigkeit bedroht, wird mit Gefängnis nicht unter drei Monaten bestraft. Der Versuch ist strafbar.

(2) Ebenso wird bestraft, wer Schriften oder andere Gegenstände mit einem derartigen Inhalt herstellt oder mit dem Ziele der Hetze einführt oder verbreitet.«

26 BStU, Ast. Magdeburg, Ast. 17/56, Bl. 25. – Mit den »drei Zerstörern« waren gemeint: Staatspräsident Wilhelm Pieck, Ministerpräsident Otto Grotewohl und SED-Parteichef Walter Ulbricht.

27 Siehe das Urteil, in: BStU, Ast. Magdeburg, Ast. 17/56, Bl. 80.

28 BStU, Ast. Rostock, AU 25/56, HA Band 1, Bl. 314.

29 Siehe das Urteil, in: BStU, Ast. Rostock, AU 25/56, GA Band 2, Bl. 217–222.

30 BStU, Ast. Frankfurt (Oder), F AU 116/62, Band 2, Bl. 97 f.

31 Ebd., Bl. 45.

32 BStU, Ast. Frankfurt (Oder), F AU 116/62, Band 2, Bl. 134.

33 BStU, Ast. Schwerin, Allg. P 030/61, Bl. 33.

34 Zit. nach Ben Lewis: Das komische Manifest. Kommunismus und Satire von 1917 bis 1989, München 2008, S. 230.

35 Ebd., S. 231 f.

36 Ebd., S. 233.

37 Ebd.

38 Davon geht auch der DDR-Witz-Experte Karl-Heinz Borchardt aus. Vgl. ders.: Die Waffe des Volkes. Politische Witze in der DDR, in: Stiftung Haus der Geschichte der Bundesrepublik Deutschland (Hg.): Spaß beiseite. Humor und Politik in Deutschland, Leipzig 2010, S. 89.

39 Protokoll über die Sitzung des MfS-Kollegiums vom 13. 12. 1961 und vom 20. 12. 1961, in: BStU, MfS, SdM Nr. 1558, Bl. 36.

40 Jens Gieseke: Die Stasi 1945–1990, München 2011, S. 185.

41 § 106 (»Staatsfeindliche Hetze«) DDR-StGB vom 12. 1. 1968 lautete: (1) Wer mit dem Ziel, die sozialistische Staats- oder Gesellschaftsordnung der Deutschen Demokratischen Republik zu schädigen oder gegen sie aufzuwiegeln, 1. Schriften, Gegenstände oder Symbole, die die staatlichen, politischen, ökonomischen oder anderen gesellschaftlichen Verhältnisse der Deutschen Demokratischen Republik diskriminieren, einführt, herstellt, verbreitet oder anbringt; 2. Verbrechen gegen den Staat androht oder dazu auffordert, Widerstand gegen die sozialistische Staats- oder Gesellschaftsordnung der Deutschen Demokratischen Republik zu leisten; 3. Repräsentanten oder andere Bürger der Deutschen Demokratischen Republik oder die Tätigkeit staatlicher oder gesellschaftlicher Organe und Einrichtungen diskriminiert; 4. den Faschismus oder Militarismus verherrlicht, wird mit Freiheitsstrafe von einem Jahr bis zu fünf Jahren bestraft.
    (2) Wer zur Durchführung des Verbrechens Publikationsorgane oder Einrichtungen benutzt, die einen Kampf gegen die Deutsche Demokratische Republik führen oder das Verbrechen im Auftrage derartiger Einrichtungen oder planmäßig durchführt, wird mit Freiheitsstrafe von zwei bis zu zehn Jahren bestraft.
    (3) Im Fall des Absatzes 1 Ziffer 3 ist der Versuch, in allen anderen Fällen sind Vorbereitung und Versuch strafbar.

42 Vgl. Dienstanweisung 2/1971 zur Leitung und Organisation der politisch-operativen Bekämpfung der staatsfeindlichen Hetze, 26. 6. 1971, in: BStU, MfS-BdL, Dok.-Nr. 002341, Bl. 2–42.

43 Gerd Blechschmidt / Hans-Georg Böttcher: Erfordernisse der Nutzung der Regelungen des strafprozessualen Prüfungsverfahrens

beim Abschluss operativer Materialien, dargestellt an den Erfahrungen der Abteilung IX der Bezirksverwaltung Karl-Marx-Stadt bei der Begleitung von Bürgern der DDR wegen vorwiegend mündlicher staatsfeindlicher Hetze und angrenzender Straftaten der allgemeinen Kriminalität, Diplomarbeit an der Juristischen Hochschule Potsdam des Ministeriums für Staatssicherheit, 1982, in: BStU, MfS-JHS, Dok.-Nr. 285/82, Bl. 47.

44 Wolf Biermann: Westzucker und Ostpeitsche, in: Die Zeit, Nr. 5, 27. 1. 1978.

45 (MfS-)ZAIG: Information über Vervielfältigung und Verbreitung die gesellschaftlichen Verhältnisse in der DDR diskriminierender Texte, Berlin, 21. 12. 1978, in: BStU, MfS, ZAIG Nr. 4131, Bl. 2.

46 (MfS-)ZAIG: Ergänzung zur Information vom 21. 12. 1978 über Vervielfältigung und Verbreitung die gesellschaftlichen Verhältnisse in der DDR diskriminierender Texte, Berlin, 16. 1. 1979, in: BStU, MfS, ZAIG Nr. 4131, Bl. 7.

47 BStU, MfS-BdL, Dok.-Nr. 102520, Bl. 1.

48 (MfS-)Bezirksverwaltung Karl-Marx-Stadt: Information Nr. 159/79 an den 1. Sekretär der SED-Bezirksleitung über die Verbreitung von negativen politischen »Witzen« in Kreisen der Intelligenz, Karl-Marx-Stadt, 19. 4. 1979, in: BStU, Ast. Chemnitz, AKG, Nr. 10916, Bl. 105.

49 Milan Kundera: Der Scherz, Frankfurt am Main 2013, S. 335.

50 Schreiben des Presse- und Informationsamtes der Bundesregierung an die Verfasser, 26. 3. 2015.

51 Schreiben von BND-Präsident Hans-Georg Wieck an Bundeskanzler Helmut Kohl, 17. 11. 1986 (Bundeskanzleramt, VS-Registratur, 612-350 01 – De 2 – DDR-Allgemein, Bd. 22).

52 Schreiben von BND-Vizepräsident Paul Münstermann an den Chef des Bundeskanzleramts, Staatssekretär Waldemar Schreckenberger, 15. 11. 1988 (Bundeskanzleramt, VS-Registratur, 612-350 01 – De 2 – DDR-Allgemein, Bd. 24).

53 Schreiben des Leiters der Forschungs- und Arbeitsgruppe »Geschichte des BND« an die Verfasser, 12. 3. 2015.

54 Ebd.

55 Bundesnachrichtendienst (Hg.): 25 Jahre Mauerfall. Dokumente aus den Akten des BND Nr. 8, Mitteilungen der Forschungs- und Arbeitsgruppe »Geschichte des BND«, hrsg. v. Bodo Hechelhammer, Berlin 2014, S. 5.

56 BA, B 206/530, Bl. 87; BA, B 206/590, Bl. 8.

57 BA, B 206/587, Bl. 73.

58 BA, B 206/587, Bl. 59.

59 BA, B 206/584, Bl. 165.

60 Zit. nach: »Dieser Dilettanten-Verein«, in: Der Spiegel, Nr. 12, 19.3.1984, S. 42.

61 Siehe Klaus Hartung: Der Fall der Mauer, in: taz, 6.11.1989.

62 Vgl. dazu Hans-Hermann Hertle: Chronik des Mauerfalls. Die dramatischen Ereignisse um den 9. November 1989, 12. Aufl., Berlin 2009, S. 242 f.

63 BA, B 206/587, Bl. 41.

64 BA, B 206/587, Bl. 42.

65 BA, B 206/587, Bl. 37.

66 BND, DDR-Innenpolitik: Psychopolitische Lage in der DDR, 22.5. 1989, in: BA, B 206/529, Bl. 242.

67 BA, B 206/532, Bl. 305 ff.

68 BA, B 206/532, Bl. 297 ff.

69 Schreiben von BND-Präsident Hans-Georg Wieck an Bundeskanzler Helmut Kohl, 17.11.1986 (Bundeskanzleramt, VS-Registratur, 612-350 01 – De 2 – DDR-Allgemein, Bd. 22).

Politische Witz-Sammlungen (Auswahl)

Dalos, György: Proletarier aller Länder, entschuldigt mich! Das Ende des Ostblockwitzes, Bremen 1993.

Drozdzynski, Alexander: Der politische Witz im Ostblock, München 1977.

Florian, Erik (Hg.): Der politische Witz in der DDR. Humor als Gesinnungsventil, München 1983.

Franke, Ingolf: Das große DDR-Witz.de Buch, Forchheim 2002.

Franke, Ingolf: Das zweite große DDR-Witze.de Buch, Forchheim 2003.

Hirche, Kurt: Der »braune« und der »rote« Witz, Düsseldorf/Wien 1964.

Kalina, Jan L.: Nichts zu Lachen. Der politische Witz im Ostblock, München/Berlin 1980.

Kracht, Ulli: Pankow scharf pointiert. Der politische Witz in Mitteldeutschland, Bad Godesberg 1961.

Kukin, Mischka (i. e. Wiesenthal, Simon): Humor hinter dem Eisernen Vorhang, Gütersloh 1962.

Mostowschtschikow, Alexander (Hg.): Sender Jerewan antwortet: Witze in der Sowjetunion 1960–1990, Berlin 1995.

Petermann, Jörg: Lach leiser, Genosse. Aus dem Anekdotenschatz des Sozialismus, München/Esslingen 1965.

Engel, Hans-Ulrich (Hg.): Nichts neues an der finnisch-chinesischen Grenze. Der politische Witz aus Osteuropa, München 1984.

Schlechte, Helga und Klaus-Dieter (Hg.): Witze bis zur Wende. 40 Jahre politischer Witz in der DDR, München 1991.

Seyfferth, Konrad: Wer meckert, sitzt. Lachen im realen Sozialismus, Freiburg im Breisgau 1981.

Strohmeyer, Arn (Hg.): Honecker-Witze. Als Politiker ist er eine Null, aber küssen kann er! 14. Aufl., Frankfurt am Main 1991 [Erstaufl. 1988].

Wagner, Reinhard (Hg.): DDR-Witze. Walter schützt vor Torheit nicht, Erich währt am längsten, 6. Aufl., Berlin 1996.

Wagner, Reinhard (Hg.): DDR-Witze, Teil 2. Lieber von Sitte gemalt, als vom Sozialismus gezeichnet, Berlin 1996.

Wroblewsky, Clement de: Wo wir sind, ist vorn. Der politische Witz in der DDR, Hamburg 1986.

Angaben zu den Herausgebern

Hans-Hermann Hertle
Jahrgang 1955, Studium der Geschichte und Politik-
wissenschaft in Marburg und Berlin, Dr. phil., 1985–1999
wissenschaftlicher Mitarbeiter im Zentralinstitut für so-
zialwissenschaftliche Forschung an der Freien Universität Berlin, seit 1999 wissenschaftlicher Mitarbeiter im
Zentrum für Zeithistorische Forschung Potsdam e.V.;
zahlreiche Buchveröffentlichungen zur Sozial- und Zeitgeschichte, Dokumentarfilme, Hörfunkfeatures.

Hans-Wilhelm Saure
Jahrgang 1968, ab 1986 freier Mitarbeiter bei der »West-falenpost«, dann Volontariat, 1993 Wechsel zur »Bild am Sonntag«, heute Chefreporter im »Bild«-Ressort Reporter/Investigative Recherche, Co-Autor mehrerer Bücher u. a. »Die Mauer – Fakten, Bilder Schicksale!« (2011) und »Freigekauft – Der DDR-Menschenhandel« (2012).